年收破億的20個致富語法

會賺錢的人，說話永遠二選一

金川顯教 著｜張佳雯 譯

前言

會賺錢的人用「二選一」語法，讓對方絕對無法說「NO」

目前我的年薪是一億日圓以上，總資產約三億日圓。以世俗標準來看，我應該算得上是「會賺錢的人」。

但是這並非偶然。我認爲我之所以能致富，是因爲我學會了「致富語法」。

會賺錢的人，有著「共通的說話方式」。

讓對方「想要說話」的語法，讓對方「想要考慮」的語法，

讓對方「想要行動」的語法，讓對方「想要購買」的語法。

這些語法的共同特徵，就是能夠驅動人、驅動工作、驅動組織、驅動金錢，或許也可以說是「賺錢的語法」。

這些語法不只是有說服力，還能讓人無形中感受到熱情及堅持，而且不會讓人覺得不快。

以「致富語法」說話，對方不會說「NO」，如果能模仿此一特質，那任何人都有賺大錢的可能。

本書將盡可能介紹我所知道的「致富語法」，當然除了方法之外，我還會分析所看過、聽過會賺錢的人所說的話，將所有實證有效的重點都羅列出來。

會賺錢的人「只準備兩個選項」

「致富語法」之一，就是「二選一」的語法。

「二選一」是有明確的理由。

工作自不待言，人生所有重要的事情，都是「二選一」，是成功，或是失敗，僅此而已，沒有第三個選項。

請想一想，一旦有第三個選擇，工作心態一定會搖擺不定。

人生重要的事物本來就都是「二選一」，所以「思考第三選擇」這件事本身就是浪費時間。

請隨時以「二選一」的方式思考，也請用這種心態來工作，你的說話方式就會自然變得有說服力。

當然，我身邊那些會賺錢的人，總是以「二選一」的思考模式來說話，因此說服力非同小可。諸如：

要贏？還是要輸？要做？還是不做？

賣得掉？還是賣不掉？賺得到錢？還是賺不到錢？

以我來說，最後的「賺得到錢？還是賺不到錢」是等同於「賺錢嗎？還是死？」的嚴重程度（笑）。

不論如何，都請以「二選一」的方式思考、說話，這才是「賺錢的王道」。

讓對方不假思索就說「YES！」的理由

不是這種「一翻兩瞪眼的二選一」，
而是

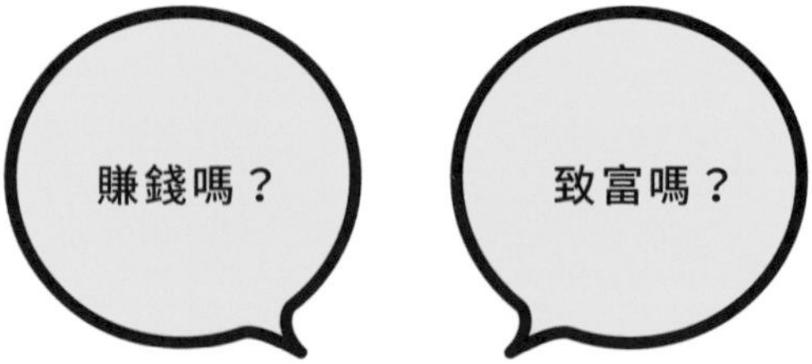

「幸福的二選一」！
選哪一個都能成功！

讓對方心甘情願回答「YES！」

在此要介紹「讓對方絕對無法說『NO』」的技巧，這也是由「二選一」發展而來。

這個時候不需要「想賺錢？還是死？」這麼極端的二選一，而是「想賺錢嗎？想致富嗎？」像這樣不論選哪一個都會成功的「幸福二選一」。

尤其是第一線工作的屬下，在能得到的訊息比主管豐富的狀況下，最有效果。

例如有A案和B案，以實作的層面來說，怎麼看都是A案比較有效率，而且能活用於生產。但此時不懂得賺錢的人，會不假思索地同時把A案和B案呈給主管。

這種作法眞是愚昧至極。

因爲主管很有可能並不了解A案的效率性和生產性，結果就與屬下的意見相左，選擇了B案。

會賺錢的人在這種狀況下，絕對不會呈報「A案和B案」，而是「A案和A'

案」，這就是「讓對方絕對無法說『NO』」的語法。

上述的「A'案」是「A案」的修正版，也就是說，主管的「二選一」不管哪個都會成功。

具體一點來說明吧，例如以「資料應該用電子檔？還是紙本？」爲例。事實上，這是我在勤業衆信會計師事務所（以下簡稱勤業衆信）時的眞實案例。

當時是紙本調查書過渡到電子調查書的時期，「資料要用電子檔？還是紙本？」在公司內部也是一大難題。

但是以現場作業的人而言，「紙本」根本無法與「電子檔」相提並論。

不論在製作、保管、檢索等各方面來看都是「電子檔」比較有效率，更有成效，所以這時候更應該不是「A案或B案」，而是「A案或A'案」。

✕「資料要做成電子檔嗎？還是紙本？」

○「資料要做成Excel檔？還是Word檔？」

當時還是有些主管認爲「紙本資料比較容易閱讀」，這個時候給主管「B案

（紙本）」的選項，無異於把沉睡中的獅子叫醒，所以才把「B案」跳過，只提出「A案和A'案」。

這就是會賺錢的人「讓對手絕對無法說『NO』的方法」。

讓對方更好回話的秘訣——會賺錢的人的「二選一提問」

會賺錢的人不只是「說話方式」，在「問話方式」上也有共通點。

姑且不論是不是刻意，會賺錢的人，對於眼前的對象，都會用相同的「問話方式」。不僅僅是說話的時候二選一，詢問的時候也是「二選一」。

「二選一詢問」和「二選一說話」的選項不同，不是「A案和A'案」，而是「A案和B案」。

且讓我具體說明。首先，請先看看這兩位主管的「詢問方式」，哪位主管的「詢問方式」，會讓你比較好回答？

・A主管：「這個月的業績很差，爲什麼呢？」

・B主管：「這個月業績很差，是因爲跑業務的時間太少？還是客戶發生什麼問題？」

你應該是認爲「B主管的問題比較好回話」吧？這是因爲B主管採用了「二選一詢問法」技巧。

「二選一詢問法」會讓對方更容易回答，是因爲你自己不需要「思考答案」，需要做的只是「選擇答案」。

A主管的詢問法也不差，但是會賺錢的人不會這樣問，因爲這種詢問法會讓對方必須要從頭開始思考，很沒有效率，也沒有成效。

從今天開始，讓任何人都會認真聽你的話

「二選一詢問法」的好處不僅如此。

提問「爲什麼？」代表對方沒必要花心思考慮用字遣詞，但「爲什麼？」也帶有負面的意象，一旦用了這個字眼，對方會有被責怪的感受。

剛剛所舉例的B主管，巧妙的以「客戶有什麼問題嗎？」的提問，將業績不好歸類於「客戶的問題」，這樣對方聽起來就不會有怪罪的感覺。

「二選一詢問法」的優點還有很多，不但對方會更容易開口，也會更容易去思考，這是因爲受到「二選一」的刺激，而讓腦袋開始運作的緣故。我們來看看具體的例子：

你：「這個月的業績很差喔！是因爲跑業務的時間太少？還是客戶有什麼狀況？」

C先生：「（開始思考）……大概是因爲天氣太差。」

因為你的「提問方式」，讓C先生開始認眞的去思考。

誠如所見，「二選一詢問法」的技巧，並不是要列出正確解答。你提出的「跑業務的時間太少」「客戶有狀況」兩者都不是正確答案也無妨，因為「二選一詢問法」會讓對方開始好好思考這個問題。

「致富語法」除了「二選一詢問法」之外，還有諸如以下技巧：

- 會賺錢的人「用數字說話」。
- 會賺錢的人「以2W1H說話」，毫無浪費。
- 會賺錢的人會巧妙使用「主語」。
- 會賺錢的人更勇於「談論失敗的經驗」。

每種技巧都像「二選一詢問法」一樣，都可以「現學現賣」，更進一步說是「效果立現」。今天不管選哪一種來牛刀小試，都能夠馬上感受到效果。

希望「致富語法」能成為你拓展可能性的武器。

目錄

第2章

「對方的得利之處」「體貼」「堅持」……會賺錢的人一定會這麼說

第3章

會議是賺錢還是浪費時間，差異在於「人數」跟「時間」

第 1 章

會賺錢的人，基本上從「結論」開始說

會賺錢的人，懂得「用數字說話」

「明天下午三點」「問題點有兩個」……數字能「正確、強烈」地傳達訊息

「數字不會說謊」。

我是有執照的會計師，所以更加切身體會「數字」的意義及重要性。

「數字」，也可以說是「工作的成果」。

在會計的世界，甚至可以說「數字」就是一切。

說到「數字」，可能有人會認爲是「業務的工作」，但業務的工作不光是數

字，其實也會重視達成結果的過程。

在業務的世界，即使沒有達標，也會得到主管這番鼓勵：「金川雖然沒有達到目標，但是你已經很努力了，我很認同你的努力。」說穿了就是「沒有功勞也有苦勞」。

一定也有業務員因爲有「苦勞獎」，即使沒有成果，也備受激勵；但會計的世界沒有所謂的「苦勞獎」。

好幾天焚膏繼晷、熬夜努力，如果沒有算出正確的「數字」，工作上就不會受到認同。

會計是不會評價過程的，而且「數字」正確是理所當然。

如果「數字」錯誤，絕對不會出現「金川雖然算錯，但是你很努力了！」之類的鼓勵。不只會被上司罵得狗血淋頭，有時候還會造成危害公司的大問題，所以我養成了「用數字思考」「用數字說話」的習慣。

「數字不會說謊」，所以「用數字思考」不會出錯，「用數字講話」也不會讓對方誤解。也就是說，光是「用數字思考」「用數字說話」就能獲得對方的信賴。

讓我們來看個具體的例子，例如上司如果這樣問你：

「我說金川君啊，A公司的案子進行到什麼地步了？」

雖然口氣很平穩，但是主管很明顯想要知道正確的訊息，這個時候可不能回答「大致上快完成了」「再一下子就可以給您過目」，這樣的回答太過曖昧不清了！對方需要的是正確性，那就要「用數字說話」，對話中只要簡單的放進「數字」，就能大幅提升對方的理解度。

✕ 不要說「幾乎快要完成了。」而是

○「已完成八成。」

○「後天下午三點可以給您過目。」

✕ 不要說「再一下子就可以給您過目。」而是

○「三天後完成。」

○「還有兩個問題正在跟對方確認，明天上午十點前可以得到回覆。」

數字是客觀的資訊，任何人都可以了解，光靠這一點就能強化你與主管之間的信任關係，當然也不會因爲認知不同而產生誤解。

營業額提高兩倍的語法

商業上最重要的關鍵字，都和「數字」息息相關。

- 「營業額」
- 「成本」
- 「客單價」
- 「來客數」
- 「成交率」
- 「回頭率」

- 「同期比」
- 「時間」

這些都是，因此「用數字思考」「用數字說話」，能大幅提升說服力，在某種層面上也是理所當然。

假設你的屬下的「成交率」大約爲30％，成交率30％的意思，就是在十個潛在客戶中，有三個能成交。那在下次的會議上，你就提議「營業額提升兩倍」。這樣的作法，就是先「用數字思考」。

如果「客單價」和「回頭率」都一樣，那營業額翻倍的方法只有兩個。

一是以成交率30％來算，將潛在客戶人數增加兩倍，來到二十人；另一個方法，是潛在客戶仍爲十人，但是成交率增加兩倍，來到60％。

潛在客戶增加兩倍和成交率增加兩倍，哪個比較簡單？

視個人能力及業種不同，答案也不一樣。如果增加潛在客戶兩倍比較簡單，那就要以DM印製等行銷活動相關的「數字來說話」；如果提升成交率兩倍比較容易，那就要以拜訪件數、成交數等「數字來說話」。

利用這個「用數字說話」的語法，就能讓「營業額提升兩倍」的提案更加具體，也更具有說服力。

沒有數字的「商業對談」，就只是閒話家常

「用數字說話」還有其他優點。

將目標以「數字」呈現，可以提高動力。

✕ 不要說「提高營業額」「增加潛在客户」「拉高成交率」，而是

〇「營業額提高兩倍！」

〇「潛在客户增加二十人！」

〇「成交率拉高到60％！」

這樣一來，目標會更明確。

如此「想要達成目標！」「必須要完成這個任務！」的動力和責任感油然而生，會議中聽著你侃侃而言的成員們，就能夠更有動力跟責任感的進行交辦工作，目標達成率當然會突飛猛進，這也是「用數字說話」的優點之一。

養成「用數字思考」「用數字說話」的習慣其實很簡單，在日常生活的對話中，以遊戲的感覺把「數字」帶入即可。例如：

✕ 不要說「這個商品賣得不太好耶……」而是

○「這個商品發售三週只賣了三百個，今後要將銷量提高30％才會有獲利。」

✕ 不要說「明天要不要開個會討論提升成交率？」而是

○「明天上午十一點，我們要不要花個三十分鐘，開會討論怎麼將成交率提升到60％？」

如何？

光是把「數字」加入日常對話，馬上就變成商業對話。反過來說，沒有數字的「商業對話」，只是「閒話家常」而已。

剛開始可能會不太習慣，但是養成「用數字說話」的習慣，磨練自己的「數字感」，自然就會有很強的數字概念，同時也養成了「商業概念」「成本概念」「時間概念」。

例如「為了身體健康，一天要喝兩公升的水」，但是每天要持之以恆並不容易，結果就變成「總之就是要提醒自己多喝水」。

我因為習慣「用數字思考」「用數字說話」，所以會轉換成「喝四瓶500 c.c.的寶特瓶就足夠」，這樣一想，意外地，目標很簡單就能達成。

然後我會去思考具體的解決方案：「早上喝兩瓶，在公司喝一瓶，回家後喝一瓶」。實際執行後，我每天都會喝到兩公升的水。

以數字客觀思考，就能提升達成率。

「用數字思考」「用數字說話」，有意識地去做，在對話中自然就會產生說服力和目標達成力，也就可以提升他人對你的信賴度，離「賺錢」更近一步。

會賺錢的人，「從結論開始說」

「從結論開始，以結論結束」是提高說服力的秘訣

我在寫文章的時候，對「開頭的第一行」會特別用心，現在的「開頭第一行」也是經過思考後寫下來的。

爲什麼要特別斟酌「開頭的第一行」呢？這完全是理所當然的事。

在書店翻閱書籍的時候，每個人都是從「開頭第一行」開始看，應該沒有人從中間那行開始讀吧？

如果「開頭的第一行」不有趣，那就不會想讀「第二行」，當然也就不會買那本書，所以我對「開頭的第一行」非常用心。

要讓「開頭的第一行」生動有趣，我有個秘訣，那就是開頭就要寫「結論」。本書也是如此，幾乎所有的章節，我都是把「結論」寫在「開頭第一行」。

在商業上，「結論」就是一切。

從「結論」開始寫，藉此吸引讀者的關注，讓他們能繼續往下讀，培養出「賺錢說話力」，這就是我的「賺錢文章力」。

「賺錢說話力」也一樣，會賺錢的人基本上都是從「結論」開始說。

會賺錢的人在最開始就先講「結論」，這樣能立即引起對方的注意力，接下來再說明爲什麼會有此結論的理由，並且舉出具體實例，最後再次以結論收尾。

使用這種說話技巧，對方很容易記住結論及重點，也更容易理解，不會過猶不及，是能在短時間內說清楚講明白的理想說話方式。

從結論開始，以結論收尾——這就是會賺錢的人的說話方式。

不要「起承轉合」，而是「合合合合」——結論並列的衝擊性

賺錢能力愈差的人，「說話愈仔細小心」，換句話說就是完美主義者。

但是人本來就不可能做什麼都很完美，所以以完美主義爲目標沒有意義。

完美主義的人賺不了錢，因爲他們眞正要付諸行動時會想得太多，反而使自己居於劣勢。

你一定會認爲會計稽核的工作必須完美無缺，其實並非如此。想要一切都要完美無瑕，會曠日廢時。

重要的部分、絕對不能錯的部分必須愼重其事追求完美，但並不是全部。如果不在枝微末節的地方偷懶，根本沒有做完的一天，只會得到「那個會計稽核慢吞吞」的評價。

會賺錢的人不會總是追求「滿分」。「滿分」很難達到，請先以「及格」爲目標。

例如你想去報名健身房，但到健身房時，如果對方是這樣跟你促銷，你會覺得如何？

✕

「只要來我們健身房三個月，按表操課運動，一定會有效果，可以達到想要的理想身材。不只是瘦身，還能長肌肉。健身房還買了五台最新的健身器材，這種器材在歐美超有人氣，很多名媛貴婦都喜歡用。而且你現在加入會員，入會費半價。想開始就趁現在！」

面對這樣的推銷，大概沒有人想入會，焦點模糊、內容冗長，即使入會費半價也感受不到吸引力。

「說話太過繁瑣，根本不知道想表達什麼」——這就是不會賺錢的人的說話特徵。

會賺錢的人追求的不是「滿分」，而是「及格」，具體來說，說話的時候完全無視起承轉合，而是只把「結論」羅列出來。

以前面的健身房推銷實例來說，會變成下面的樣子，不是追求「滿分」，而是「及格」的說話方式，能讓聽者容易理解：

〇「我推薦您加入本俱樂部有三個理由。一是在夏天來臨前三個月，可以打造出理想身材；二是可以體驗最新型的健身器材；三是現在入會費只要半價，想入會要趁現在！」

這種推銷方式，你也會想入會了吧！

會賺錢的人會省略多餘的資訊，更直接了當的表達，重點就是一開始就將你想要說的事情傳達出去，也就是先說有幾個「結論」。

先宣告「結論」有三個，那對方也會注意是不是有聽到三個。

詳細的說明和優點可以等之後補充時再說，這就是能確實達到及格分數的說話方式。

會賺錢的人的「2W1H」語法，不浪費時間

會賺錢的人「只傳達生意上最重要的資訊」

一般而言，使用「5W1H」能正確詳實的傳達事情，但是這樣可賺不到錢，因爲「5W1H」所傳達的資訊實在太多了。

所謂的「5W1H」，如同大家所知爲「Who（誰）」「When（何時）」「Where（何處）」「What（做什麼）」「Why（爲什麼）」「How（如何做）」六大要素。

的確如果六者兼備，資訊能正確且詳實的傳達；但是資訊太多，六者之中何者

最重要，對方無法馬上心領神會。

會賺錢的人，本來就不會想要「正確詳實的傳達資訊」，他們想的，是「只傳達生意上最重要的資訊」。

以下，我將生意上重要的資訊，以「2W1H」來陳述，如以下三點：

①「Why（理由）」＝爲什麼要做這個工作。

②「What（行動）」＝爲了要做這個工作，必須做什麼事。

③「How（方法）」＝爲了工作進展，該怎麼做比較好。

這種陳述方式就簡潔多了。

以資訊量來看，「2W1H」剛好是「5W1H」的一半，即「理由」「行動」「方法」，而「2W1H」正是生意上最重要的資訊。

重要的事項全部都能以「2W1H」概括

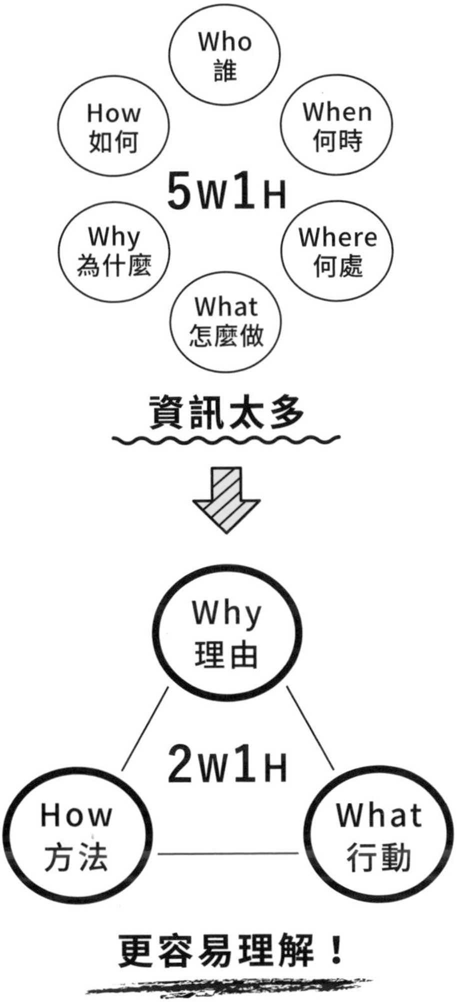

在商業上，不需要「其他3W」的理由

商業上重要的資訊可以用「2W1H」來表達，在某種層面上來說也是理所當然，那其餘的「3W」呢？

「Who（誰）」「When（何時）」「Where（何處）」的確也是重要的資訊，但在商業上卻是優先順位較低的二次情報。

因爲在商業上，大多時候「Who」就是「我」，「When」是「現在」，「Where」則是「在此」，這些是最基本的資訊。

不會賺錢的人，不了解這些是資訊的核心，所以才會以「5W1H」的方式叨叨絮絮，浪費對方寶貴的時間。

更糟糕是，有些人連「2W1H」都不記得，只告訴對方一些毫無幫助的半調子資訊。

培養「2W1H」的說話習慣，工作自然就做得快，這是因爲你懂得巧妙地「捨棄資訊」。

從「5W1H」的資訊當中，只選擇「2W1H」，捨棄「3W」，工作上以「2W1H」爲優先，只要意識到這個部分，你的話語會更有效率和產能。

最後用「How」來驅動！

商業上最重要的是「2W1H」，也就是「理由」「行動」「方法」。

①爲什麼要做這個工作？

②爲了要做這個工作，必須做什麼事？

③爲了工作進展，該怎麼做比較好？

這三種資訊可以說是驅動人們的基本原則，那就來看看具體的實例，以我「出書」這件事來想想吧。

將「出書」這個生意的重要資訊，可以全部以「2W1H」的方式概括，一開始是「Why（理由）」，也就是為什麼要做這個工作（出書）。

答案是為了要「營造個人品牌」。

會看書的人的求知欲與好奇心都很旺盛，我的本業是從商，這一行也有很多相同類型的人，我想把自己從商的經驗分享給他們，提高自己的價值。

接下來是「What（行動）」，也就是為了要做這個工作（出書），該做什麼。

要把自己那些有效說話方式的相關內容，全部盤點一次。

以愛看書、求知欲旺盛的人為對象，我要將以往培養出來的秘訣篩選整理，並加以公開。

最後是「How」，要執行這個工作（出書），該怎麼做？

成立一個專案小組。

找一個專業的人員，徹底將內容盤點一次，把任何有關「致富語法」的疑問全部都丟給我，讓我來回答。

以這種方式進行，話題範圍比較大，也應該比較容易激發新的火花，實際上也誠如所料。

- **會賺錢的人、賺不到錢的人，「使用數字的方式」不一樣**
- **會賺錢的會議、賺不到錢的會議，開會的「人數」不一樣**

陸續迸發出很多一開始根本沒想到的內容，而最後的成果就是這本書。

自己成立專案小組來運作的方式，我相信能獲得很大的成效。

以「2W1H」思考工作優先順位

現在我的年收入有一億日圓以上，這是養成以「2W1H」語法說話的成果之一。

以「2W1H」說話，不只是對方，連自己也會馬上了解工作的優先事項、優先行動、優先方案。

我開始使用「2W1H」語法，是在大學考試放榜那一天的晚上。

達成「錄取第一志願」目標的我，馬上就訂定人生下一個目標，那就是「累積財富」，然後不知怎麼的，我開始用「2W1H」的方式跟自己對話。

讓人訝異的是，人生的優先事項、累積財富應該做的優先行動、以及優先方法都一一浮現。

爲什麼我想要累積財富？

首先用「Why」來思考理由，就會看到人生的優先事項。因爲有錢，就能充分運用「自己的時間」和「自己的能力」。

一直爲生活奔波勞苦的父親，告訴我：「人生如果老是爲金錢煩惱，就會浪費時間與能力。」

在社會上有效運用「自己的時間」與「自己的能力」，就能累積財富；而所賺到的錢，又能讓「自己的時間」與「自己的能力」活化，所以這時候我了解到人生的優先事項就是「創業」。

那麼爲了累積財富，自己該做什麼？

「Why」的下一步就是「What」，要去思考該優先做出什麼行動，累積財富應該先做的，答案就是「到大型的會計師事務所工作」。

當時，一般企業的大學新鮮人，平均年薪爲二四〇萬日圓左右，而大型的會計師事務所，年薪是二・五倍，爲六百萬日圓，而且三十歲最低有一千萬日圓、四十歲最低有兩千萬日圓，保證之後有人人稱羨的高收入人生。

這種程度的金額雖然還稱不上富有，但是絕對是可以自由活用「自己的時間」

「自己的能力」的數字。而且除了收入外，在大型會計師事務所工作本身也具有無比的魅力。

從大型上市櫃公司到只有寥寥數人的新創企業，大型會計事務所會針對各種企業型態進行會計稽查。

這些公司究竟是如何建構商業模式？如何設定商業戰略？也就是說，除了能領到薪水，還能學習創業知識，這就是在大型會計師事務所工作最吸引人之處。

一加一不等於二，而是等於「十」的方法

想要致富，自己該怎麼做？最後的「How」，就是思考優先方法。

我馬上就有了答案，那就是「去TAC證照補習班上課」。

想到大型會計師事務所工作，最低條件就是要有「會計師資格」，而會計師考試合格者的平均年齡，當時是二十七歲。

但是如果二十七歲才考上，那要達成我的人生目標就太晚了。所以我決定要儘可能早一點，在大學在學期間就考上。

TAC吸引人之處，在於「合格率業界第一」，但是我感受到「合格率之外的魅力」，那個魅力就是其他優秀的學生。

我預期一定會有一、兩個跟我一樣，在二十歲之前就立定累積財富目標，有著遠大企圖心的學生。

我想要跟有著同樣目標、同樣視野、同樣優先事項的學生接觸，這樣就不是一加一等於二，而是等於三，等於五……甚至等於十，這樣一定能比想像中更早實現目標。

實際上我也以自己都嚇一跳的速度，接續實現目標。

我以比當時平均年齡還要少四歲的二十三歲，拿到會計師執照，也在大學畢業前，就獲得世界最大的會計師事務所「勤業眾信」的錄用。

三年後，我在二十六歲創業，朝著充分運用「自己的時間」與「自己的能力」的道路前進。

今天讓我能夠年收入一億日圓以上的催化劑，就是某天夜裡，那段跟自己的「2W1H」對話。

如果我是用「5W1H」的方式，人生優先事項、優先行動、優先方法、人生接下來的目標，應該都無法看清全貌。

正因爲我用了「2W1H」跟自己對話，所以才能看清人生目標。

會賺錢的人不「說服」，而是獲得「認同」

人不會認同「意見」，而是認同「事實＋意見」

這個章節要介紹提高說服力的秘訣。

沒有說服力的人，會因爲想要說服對方，而更顯得自己沒有說服力。

會賺錢的人不會想著要說服對方，而是想著怎麼獲得對方的認同，說出來的話也才有說服力。

所謂的說服是「你做的」，所謂的認同是「對方做的」。

人類是一種什麼事情都想要自己決定的生物，所以想要說服對方改變想法，很難得到「YES」的回答，因爲他知道自己正在被說服。

所以，只有自我意識認同之際，才是被說服的開始。

要讓對方認同，有東西不可或缺，那就是任何人都無法否定的「事實（客觀事實）」。正因爲有「事實」，對方才能認同。

下面有三個化妝品銷售員，請問哪一位最有說服力？

①「這是我最推薦的化妝水。」

②「這款化妝水賣得非常好。」

③「這款化妝水一個月銷售超過一萬瓶，是我們公司最暢銷的化妝水。」

哪位銷售員最有說服力，這樣是不是一目了然了呢？

只有一位銷售員說了「事實」，而任何人都無法對「事實」說「NO」。

「競爭對手的成功案例」更有說服力

會賺錢的人在陳述客觀事實之後，會再加上自己的意見，也就是「事實＋意見」，所以不論對方是誰，都能夠認同。

在商場上最有效果的「事實」就是「成功案例」，尤其是競爭對手的「成功案例」，力道更強。

接下來要舉的例子，是經常在商場上出現的提案，如果沒有「事實」，就完全沒有說服力。

✕ 「爲了要增加潛在客户，要不要在臉書刊登廣告？」

這種說話方式即使你的主管很寬宏大量，也一樣不會買單。

因爲沒有「事實」，所以無法認同。但如果我們把競爭對手的「成功案例」放進來，就變成這樣：

◎「聽說A公司在臉書上廣告之後，這一年的潛在客户增加了20％。我們公司要不要也在臉書上登廣告？」

只是加入「成功案例」，說服力就馬上獲得提升。

上司雖然不會馬上說「YES」，但之後只要繼續調查，並多說些A公司的「成功案例」，終究會得到上司的首肯。

「事實＋意見」不只適用在工作場合，也能活用於私人對話上。

例如新婚夫婦閒聊「今天晚餐要吃什麼」之類的日常對話。

妻子：「今天晚上想吃什麼？」

丈夫：「吃中式料理好了。」

丈夫的回答實在太殺風景，而且因爲沒有「事實」，所以缺乏說服力，這番回答老婆大概不會理解。

下面讓我們加入「事實」，說服力立即倍增：

妻子：「今天晚上想吃什麼？」

丈夫：「昨天吃了日式料理，今天晚上吃中式料理好了。」

或是

妻子：「今天晚上想吃什麼？」

丈夫：「明天要開很久的會，想吃點中式料理補充體力。」

這種瑣碎的對話，只要利用「事實＋意見」也能獲得認同，妻子應該也會「想做中式料理給你吃」。

一百萬的「鈔票」比「數字」更有真實感

「實物」也是很有效的「事實」。

所謂百聞不如一見，「實物」有著言語無法比擬的說服力。實際上，我也有因看見「實物」而被對方成功說服的例子。

我經常去看診的牙醫師是位名醫，很多藝人都是他的患者。

某次我去定期檢查時，醫生推薦我做牙齒美白：「人的外表占九成，而外表最重要的就是牙齒，所以很多藝人都做過牙齒美白。」

他一邊說著，一邊給我看一些牙齒美白前後的照片和影片，黃板牙的笑臉和牙齒美白後的笑臉，還有牙齒矯正前後的笑臉。

的確，外表看起來完全不一樣了。

他幫我拍照之後說：「金川先生做了美白會變成這樣喔！」然後展示虛擬影像給我看。

看了別人的照片和影片之後雖然有動心，但是看到自己的前後對照，才是決定的關鍵。

我馬上回答：「那就請幫我做美白。」

我在這間牙科診所的體驗，學到了說服的最高境界，那就是將「前後對照可視化」的魔力。

在勤業眾信，新人教育的時候會讓大家看十疊捆好的一百萬日圓鈔票。將「一千萬日圓」的金額化為「實物」，這樣的深刻印象，到現在我都還記憶猶新，也切實地感受到你所經手金額的重要性。

會計稽核的工作，在帳冊上經手的是數千萬日圓，或是數億日圓。人很容易就感覺只是一串數字，而不是錢，即使錯了一個位數，也會輕率地認為「修改過來就好了」。

公司為了引以為戒，特別讓我們看整捆的鈔票，感受金錢的重量，才能引以為戒。實際上看過整捆鈔票後，對數字的感覺也變得不一樣了。

請好好運用語言不會有的「實物」說服力。

第2章

「對方的得利之處」「體貼」「堅持」……會賺錢的人一定會這麼說

會賺錢的人，會說出「對方的得利之處」

「信任度的差異」來自「一句話的差異」

有人擅長「驅動他人」，也有人不諳此道，差異點可以說就在於「說話方式」。

例如下面的兩位主管，如果是你，想會成爲哪一位的屬下？

- A上司：「這是會議要用的資料，趕快去印三十份！」
- B上司：「這是會議要用的資料，趕快去印三十份！這個格式其他案子也用得到，可以先記下來！」

應該所有人都會說「想要在B手下工作」吧？

但是，A和B之間的不同，其實只差在一句「這個格式其他案子也用得到，所以可以先記下來！」這其中的差異到底在哪裡？

其實擅不擅長「驅動他人」者之間的差距，只有一句話。而這句話之所以非常有份量，是因爲這句話對於屬下來說是「能有好處的一句話」。

以「這個格式其他案子也用得到，可以先記下來！」這一句來說，正因爲有這句話，所以屬下才會「想要動起來」。

A和B都說「這是會議要用的資料，趕快去印三十份！」這對屬下而言是很無聊的差事，是和自己工作沒有直接關係的雜事，也就是說都是壞處。兩位在這方面是相同的，但以屬下的角度來看，工作動力瞬間下降。

但是B在後面馬上追加了一句「有好處的話」：「這個格式其他案子也用得到，可以先記下來！」

這麼一說，屬下會覺得「這個活未必是雜事，其他案子也用得到，有點幸運耶」而有所認同，變得「開始想動」。

如果是比較敏感的屬下，聽到「這個格式其他案子也用得到，可以先記下來！」這句話，也可以感受到B的貼心之處，因此而提升動力。

不管如何，擅長「驅動他人」的人，都有以下的共通點：

- 能一句話說出「對方的得利之處」。
- 能一句話說出「自己的體貼」。

這種說話方式，也可以說是能把對方「有壞處」的事情，說成「有好處」，擅長將負面的感受變成正面。

讓對方驚覺「原來這是好處」的威力

會賺錢的人很擅長把對方的「壞處」說成「好處」。

爲什麼他們能做到這一步？答案很簡單，因爲改變對「壞處」的看法，從

「好處」的角度來看，不管是對自己或是對他人，都能更加錦上添花。

我深深體會到這一點，是在考上會計師之後的那陣子。

我有個學長，他很擅長改變對「壞處」的看法，從「好處」的角度來看。

那時候確定到勤業眾信就任的我，爲了想先增進Excel技能，所以在找參考書。此時這位W學長推薦了我MOS（Microsoft Office Specialist）的「Microsoft Office」認證。

培養Word、Excel、Powerpoint軟體技能的確很重要，但是對於會計師來說，除了Excel之外，其他的都只能算是輔助性的技能。

準備MOS費時耗力，既多花時間又浪費金錢，對我來說除了「壞處」之外，完全沒有其他感受，此時W學長看穿了我的心思。

「我能懂現在你覺得準備MOS是浪費時間、太辛苦。但是考量到你的將來，意外的可以發現三個好處。」

然後他這麼跟我說：「第一個好處是提升電腦技能，工作速度變快，就能減少加班，得到正面的評價，晉升和高收入也指日可待。

第二個好處，是電腦技能一旦養成，一輩子都受用，未來不論做什麼工作都能派上用場。

第三個好處是可以提升團隊能力。會計相關的工作都要團隊合作，所以如果自己有絕佳的電腦技能，不但可以支援團隊，還能發揮領導作用。」

最後W學長以下面這句話作爲結論：「如果能克服現在的劣勢，將來就會變成優勢。」

這眞是讓人歎爲觀止的建議。

如果能了解好處，那就會產生正面的情感。我雖然最後沒有去考證照，但是也用自己的方法學習了Office，已經具備相當於MOS標準級認證的水準。

優秀的上司會將屬下的「壞處」變成「好處」

現在，我自己也會把屬下的「壞處」說成「好處」。

例如交代屬下「整理會議紀錄」，而「整理會議紀錄」是不但很麻煩，還是做得再好都不會獲得稱讚的差事，所以屬下的工作動力絕對會下降。

這個時候，我就要把「壞處」變成「好處」，先從壞處「整理會議紀錄的確很麻煩」開始，然後再如同下面接著說好處：

◎「整理會議紀錄，你會比任何都要能掌握會議內容。」

◎「整理會議紀錄，可以看到公司整體情況。」

◎「整理會議紀錄，可以藉此準備下次開會的議程。」

◎「整理會議紀錄，以後就能掌握會議的主導權。」

像這樣把「整理會議紀錄」這件事升級爲進階的關鍵，就是將對方負面的情感轉換成正面的語法，也正是「驅動他人」最大的秘訣。

會賺錢的人，會貼心的「多說一句」

「我學到很多！」——道謝時多說「一句話」

對上司或客戶說話當然要用心，但只是用心，並不會讓你賺錢。不只要用心，還要把體貼的心意巧妙地傳達給對方。要能賺到錢，就要能做到這一步。

例如上司或客戶請吃飯，理應致謝。但並非只是單純道謝，最重要的，是要能確實傳達你的貼心。

首先要展現出體貼的部分是時間，請吃飯後的道謝，一定要在隔天中午前傳達。

為什麼要在中午前？一到下午，由於上午的工作繁忙，前一個晚上的事情就會成為「被遺忘的過去」。

下午才道謝，就像沒有氣泡的啤酒。光是這一點，就會被貼上「這傢伙沒有請他吃飯的價值」的標籤。

如果不好意思道謝，之後就會愈來愈難開口。

隔天中午前，如果可以就直接碰面，不行的話就寄電子郵件道謝；隔天早上，碰到面的話就直接道謝。當然，電子郵件也要一大早寄。

然後是貼心的話語。如果只是一句「謝謝您的招待」，實在沒有什麼出色之處，會賺錢的人道謝時一定會多加「一句」。

這「一句」就是顯示出貼心的話語。

◎「真的很開心！」

◎「我學到很多！」

這兩句可以說是貼心話語的標準答案。

「眞的很開心！」「我學到很多！」這兩句話，可以很委婉地表達出對上司或客戶的佩服。而實際面上來說，善用前一天的「料理」和「話題」這兩個主題，也是更好地表達感謝之意的秘訣所在。

◎「那家店的生魚片，眞的如傳聞一般美味絕倫！」

◎「那個網路廣告的話題，我學到很多！」

如果你能這樣說，對方應該會很高興。

像這種「有請客價値的傢伙」，當然會討上司和客戶開心，「對了！那下次再去吃一家好吃的壽司。」說不定還會脫口這麼說。

能夠體貼到這種程度，絕對是會賺大錢的人。

機靈的人，是能「理所當然多說一句」的人

能傳達體貼心意的場合，不偏限於道謝的時候。

會賺錢的人在任何場合都能很明確的說出體貼的話。無論如何用心，如果不能讓對方知道，那就沒有意義。

例如上司在上班時看起來身體欠安，「咦，今天課長看起來不太舒服的樣子，還好嗎？真希望能趕快復原……」

不管你心裡怎麼想，課長也不會知道你這份體貼的心意，無法讓對方知道的體貼，那還不如不要。真正會賺錢的人，在這個時候就會知道要說些體貼的話：

◎「課長，您還好嗎？看起來身體不太舒服的樣子。」

這一句話看似平凡無奇，但光是這樣一句話，你體貼的心意一定就能讓上司知道。

能不能多說這一句話，對於在職場的工作者，人生會有很大的差異。

對方有任何改變，一定要說「一句話」

表現體貼的時間點，是有一點秘訣的。在發現對方有「變化」的時候，就多說一句話吧。

像先前的例子「課長，您還好嗎？看起來身體不太舒服的樣子。」是對方發生負面的變化；而當對方產生正面的變化，適時的一句話更有效果。具體來說就是「讚美」，這也是非常重要的一種體貼行為之一。

「你換新眼鏡了吧？很有傑出人士的感覺喔！」

「新的公事包和西裝很搭。」

這個語法的秘訣在於「對方的變化＋一句話」。以這種方式向別人搭話，應該不會有人不開心吧？

對方的「變化」能成爲話題的引子。如果沒有說出口、錯失了這個機會，反而會讓對方覺得「你對我沒興趣」「都沒有注意別人」而印象扣分。

能察覺到其他人「變化」的觀察力，正是體貼的基本功力。

但是「讚美」這種體貼是雙面刃，要特別留意。因爲「讚美」的行爲，基本上是在上位者對在下位者做的事情，尤其是不要去「讚美」在上位者的人格或品行。

課長如果被自己的上司，如部長或是高階主管稱讚人格或品行，會感到非常開心；但是如果被自己的屬下這樣說，只會覺得不舒服。

你可以試著跟主管說：「課長的那番話，讓我充分感受到您的寬宏大量。」八成對方即使不說，也會在心裡很不開心地想：「你算老幾，竟然敢評論我！」

要「讚美」在上位者，秘訣在於說出「對方的變化」，再若無其事的加上「一句話」就好。

「要不要開始準備了呢？」——主動出擊的一句話

懂得體貼的人有共通點，首先就是「能站在對方的角度看事情」，然後再以語言傳達給對方。

所謂的「站在對方的角度看事情」是什麼意思？就是以對方的需求來「看事物」，而非自己的需求。

假設你是租賃事務機的業務員，不要想著自己要賣什麼產品，而是要「看到」對方需要什麼產品，也就是說要思考對方想買什麼。

「消耗品大概快要用罄，客戶有沒有發現？或是似乎沒有察覺？」配合時間，主動聯繫客戶：「需不需要送一些A4影印紙過去呢？」

這麼一來，客戶一定也會覺得「這個傢伙有兩把刷子」。

「電車時間」「天氣」「飲食喜好」——體貼的意外關鍵

上班族應該先養成「以上司的角度看事情」的習慣。

雖然說是「上司的角度」，但不需要想得太難，只要去看顯而易見的東西即可。例如以下三點：

①電車時間
②今天天氣
③飲食喜好

實際上我在勤業眾信工作的時候，就會以「上司的角度」去看「電車時間」「今天天氣」「飲食喜好」，並且說出來，因此得到了「金川很機靈」的評價。

在勤業眾信，爲了去客戶的公司，經常和上司一起搭電車東奔西跑。

所謂的上司，通常都比屬下還忙，那天剛好必須在下午六點前趕回辦公室，這個場合，我就以「上司的觀點」說了一句話。

◎「部長，六點以前要回到辦公室，五點二十分先離開客戶那邊，時間會比較充裕。」

在出辦公室之前，要將從客戶公司到最近的車站的步行時間等資訊，以「上司的角度」向上司報告。

當然，電車時刻表、搭車時間等，在去程的電車裡都可以用手機查詢，但是事先查詢，並盡早向上司報告，讓他安心，這是屬下可以做得到的體貼。事實上我一直都這麼做，總是讓上司心情大好。

「天氣」和「電車時間」一樣，用手機查詢非常方便，在查詢之後，我也是「盡快跟上司報告、讓他安心」。

懂得體貼的屬下，當然會以「上司的角度」來說一句話：

◎「部長，天氣預報傍晚會下雨，帶把傘比較保險。」

就得到了「果然金川就是很機靈」的評語。

還有明天的「天氣」也一樣。用手機查好後，「盡快告知讓主管安心」，對於準備要下班的上司，也可以以「上司的角度」說一句話。

◎「部長，明天似乎天氣會變冷，穿件外套比較好喔！」

聽到這一句，有哪個上司不會心一笑？

能說出這一句話，就是真的懂得體貼的高手。

讓對方「不經意敞開心胸」的 3 個關鍵

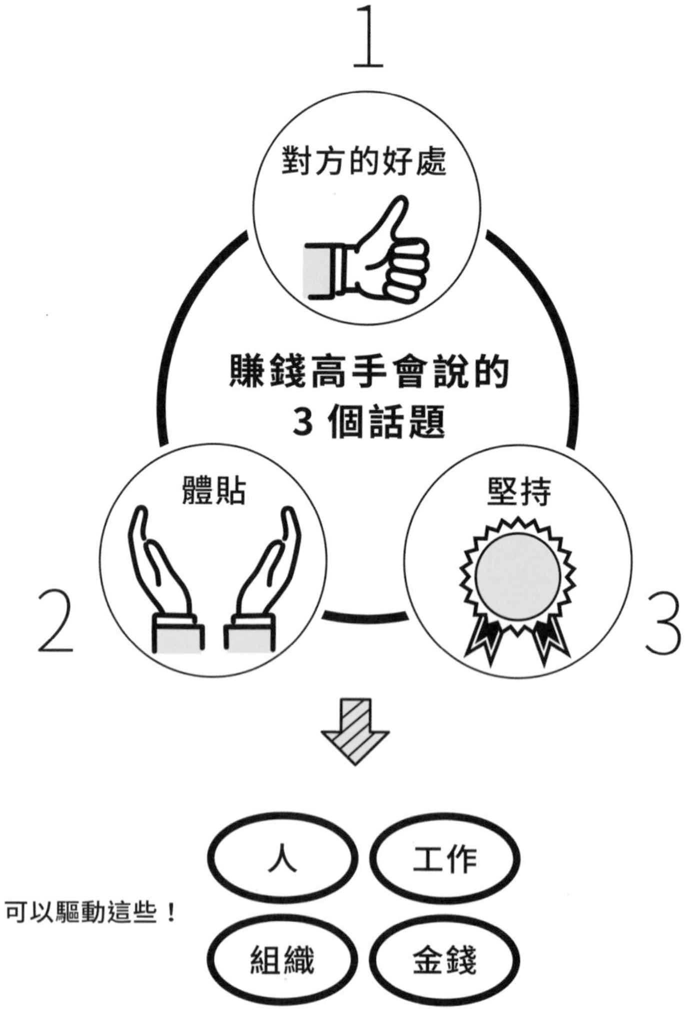

「部長，您吃炸的嗎？」也是非常棒的體貼

公司聚餐是展現體貼的絕佳機會，我雖然不太喝酒，但膽敢如此斷言。

不限於喝酒聚餐，吃午餐也是很好的場合。有關「飲食的好惡」，是最容易以「上司的角度」來看並且說出來，不利用眞的非常可惜。

在勤業眾信的時候，每個專案稽核小組的成員都會更換，所以經常有迎新送舊會。由於我還是菜鳥，所以往往都擔任主辦人員。

對於新的成員，我會事先詢問「飲食的喜好」，但年輕的成員，不論男女，其實對「飲食的好惡」不會很明顯。

有問題的是四十歲以上的主管。

過了四十歲，「飲食的好惡」會特別強烈，大概是因爲四十多歲的人經驗豐富，所以能非常清楚自己的好惡；還有到了這個歲數，很多人也開始注意身體健康，不吃炸物或魚卵的人也不算罕見。

但是直接詢問就不是高明的體貼了，因爲有的主管不希望因爲自己的「飲食好惡」，而影響大家選擇餐廳。

❌「部長，您有什麼東西不吃嗎？」

這麼直接了當地詢問，主管大多會回答：「什麼都吃」。雖說如此，但是聚餐結束後，在主管的桌上會發現炸物原封不動的被留下來。

因此，在詢問的語句上稍微用點心，會讓主管對你的評價完全改觀。

⭕「部長，炸物是不是少一點比較好？」

這種問法會讓主管比較容易回答「是啊。」說不定還會提供意料之外的情報，比如「只要不是辣的，我都來者不拒。」

不管結論如何，這個時候部長說「炸物要少一點比較好，該怎麼辦」已經不重要了。

答案是什麼都無所謂，只要這麼一句話，已經能確實展現你的體貼了，這才是重點。

即使詢問同一件事，對方的感受也會完全不同。

說話能討主管歡心的人，即使不吹捧對方，也能讓自己獲得好評。

會賺錢的人，會找到「對方的堅持」

「你穿的鞋子都很有型呢」——稱讚「對方的堅持」

在工作上有所「堅持」的人，如果被別人發現會很開心，而且會對發現的人抱有好感，甚至肯定他的能力。

「前一天晚上不管多晚睡，都會提前三十分鐘來上班。」

「上班要穿的鞋子，我只穿英國品牌 Crockett & Jones。」

順道一提，這些是我在勤業衆信工作時的個人堅持。

任何人對工作都會有某些堅持，但是卻很少人會特別去談論這個部分，我想這是因爲所謂的堅持，應該要深藏於心中。

人們會這樣想——如果有可能，希望有人能夠了解，不過自我滿足也不錯。所以當你指出他的堅持之處，老實說是很讓人開心的。

對於發現自己堅持的人，會無條件有好感。如果你想要討人喜歡，指出「對方的堅持」很有效果。這麼想想吧，如果你自己的堅持被發現，應該也會很愉快吧？

實際上在勤業衆信的時候，客戶曾經稱讚過我的鞋子，我因此無條件對那個人有好感。

○「金川先生，你穿的鞋子都很有型呢！」

那一天，當從客戶的口中聽到這句話，我都驚呆了，因爲幾乎所有的商務人士，都不會去看對方的鞋子。

記得在下一個瞬間，我就開始跟那位客戶熱切的聊著自己的講究之道。

「謝謝！我認爲商務人士一定要穿Crockett & Jones。不管哪個系列，設計都非常洗鍊，而且很好穿。長時間穿著腳都不會累，我非常推薦。」

說到自己的堅持之處，感覺很好，當然我並不是爲了希望別人稱讚而特別講究鞋子。這種堅持單純只是一種自我滿足，但是被人家讚美，還是會覺得很雀躍。

這的確這是無關緊要的話題，但是，不正因是無關緊要，所以才切中人心？

之後我跟那位客戶，也建立起互相信任的關係。因爲我相信對方有「分辨鞋子好壞的眼光」，所以對於評斷「工作好壞」「人的好壞」應該也有好眼光。

被讚美後「坦率的喜悅」是賺錢的秘訣

自己的堅持被發現會覺得開心，但是這種「堅持」還有一個特點，那是在我被客戶讚美之後發現的。

那就是將自己的「堅持」正確的傳達給對方，對方也會改變。

我將自己講究之處，熱切地告訴客戶之後，他嘟噥著說：「原來如此。對工作有所堅持的人，對鞋子也會很講究。工作能力出色的人挑剔鞋子，也是有實用層面的意義。我也來穿穿Crockett & Jones吧！哪家店的款式比較齊全？」

也就是說，談論自己堅持之處的話題，可以成爲改變對方的武器。

在商場上，你的堅持要讓周圍的人知道才有意義，而會賺錢的人深知箇中奧妙。

只要有機會談自己的堅持，就要積極利用，這種做法會讓工作上的走向，變成對自己有利。

有自己的堅持，並作爲武器加以宣傳、改變態勢、提高自己的評價，如果當客戶跟我說「金川先生，你穿的鞋子都很有型呢！」時，我很害羞，完全沒有強調自己講究之處，那應該什麼事都不會發生。

如果只是回答「這沒什麼啦！」那我跟那位客戶之間也不會產生更深的信賴關係。

會賺錢的人，在分勝負的地方一定要求勝。

「速度」「數量」「品質」——創造形象的秘訣

用自己的「形象」來傳達個人的「堅持」，是非常有效的方式。

以「堅持＝自我」來包裝會非常有衝擊力，這可以說是加強自己的印象最有效的技巧，實際上我在工作上也會使用這個技巧。

我使用電商販售各式各樣的商品。公司有很多員工，我總是跟他們強調要「速度」「數量」「品質」，也就是說從員工的角度來看，我「不只是金川」。

- 首先是「速度的金川」。
- 也是「數量的金川」。
- 然後還是「品質的金川」。

我認爲生意上這三點最爲優先，所以覺得員工在其他地方犯錯沒有關係。

「速度、數量、品質的金川」——我的「堅持」成爲了我的「形象」，員工就不會搞不清楚狀況。

電商是必須眼明手快且競爭激烈的世界，想要勝出，有堅定的堅持和信念非常重要，而對電商最爲重要的，當然就是「速度」。

在電商的領域，熱賣的商品其他業者馬上會群起效尤，當然如果是大家都有在販售的商品，就會陷入價格戰，如此就無法獲利。

領先開發熱門商品，並早一步上架，才能賺大錢。

第二是「數量」。對「數量」的堅持，是爲了要擴大營業規模。有了「量」，才能出貨到亞馬遜、樂天、mercari、mbok等各式各樣銷售管道。這些網路平台各有優缺點，消費族群也不同，而要對應各種管道，必須堅持要有「數量」。

最後是「品質」。

這裡的「品質」是指產品商品照片的質感，這是消費者判斷是否購買的重要關鍵，必須徹底堅持。

如同我說要把「堅持」塑造爲自己的「形象」，是有其道理的。如果對方能接受這個理由，那就會產生對應的影響。因此工作同仁對於我對於電商的堅持，應該有很深的感受。

立即發現「自己的堅持」＋傳達方式

任何人對工作一定有「堅持」，聽到我這麼說，可能會有人表示：「喂！我對工作才沒有什麼堅持呢！」

這種人其實錯了，他不是對工作沒有堅持，只是沒有發現而已。

很遺憾的是，職場上有這種缺憾的人還不少，這是因爲提到「堅持」這個字眼，讓人感覺高不可攀。

其實，在「工作上最在意的地方」就是你的堅持。朝這個方向思考，很容易就能找到自己的堅持吧？

還有，堅持不需要太過特殊。先前提到「速度」「數量」「品質」這三個我的堅持，在電商領域中一點也不特別，某個層面來說還是「理所當然」。

堅持是「理所當然」的事也無所謂，因爲你的「理所當然」，不見得是別人的「理所當然」。

進入勤業眾信的時候，我的堅持，也就是「工作上最在意的地方」，就是「提早做足準備」。

某個層面來說這是「理所當然」的事，但這卻是我大學考試落榜兩次後才培養出來的堅持。

我在新人訓練上課之前，一定會事先研讀課程資料，有不清楚的地方就先彙整做記號，這就是在實踐「提早做足準備」。

勤業眾信的新進員工人才濟濟，我原本以爲這種程度應該每個人都會做，不過並非如此。

幾乎所有的新進員工，都只是大致翻閱課程資料而已。我因爲會先做筆記，所以還被課程負責人稱讚了一番。而且光是這個小小的事件，在新人訓練的階段，同期和前輩對我有了「金川這傢伙不簡單」的評語。

在確定所屬部門之後，我也是貫徹「提早做足準備」的習慣。在新的專案開始之前，我會先仔細研讀資料，就像在新人訓練的時候一樣，有不懂的地方就彙整做筆記，花了很多功夫。

我注意到這對於我自己來說是「理所當然」的事，但其他人並沒有在做。這種「對自己來說是理所當然的事」，其他人覺得是「堅持」而感到佩服，就會對這種堅持感到興趣。因為你做的事情和其他人不同，當然周遭的人也會詢問你為什麼要做筆記。

「我先看過一遍，但是卻怎麼也讀不進腦袋。所以就做成問題集的方式，把問題和不懂的地方寫出來，這樣可以把不清楚的地方整理出來，那種渾沌不明的感覺也就豁然開朗了。」

首先問問自己「工作上最在意的地方」是什麼？這就是你的堅持。然後把這份堅持，當成獲得自我評價的武器。

會賺錢的人，「用數字展現」熱情

「數字的能量」能馬上傳遞熱情！

有些人對工作很有熱情，但成績和評價卻平平，其中的原因幾乎沒有例外，都是因爲熱情沒有傳播開來。

很多人認爲對工作充滿熱情，成績和評價就一定會很好——事實並非如此。

事實上，空有熱情沒有意義，熱情要能讓對方知道才有意義。

評價高的人不只有熱情，也很擅長「傳遞熱情」，可以說他們非常會「告訴別人自己有多拚命」，所以會獲得周遭的好評，大家也會想要幫忙。

願意幫忙的人愈多，當然也就愈接近致富之路。

相反的，空有滿滿的熱情，卻拙於「傳遞熱情」，除了無法提高自身的評價之外，也沒有人出手相助，最後只能暗自埋怨「我這麼努力，為什麼沒有回報」。

不擅長「傳達熱情」的人，有共同的特點，那就是以主觀意識表達熱情。

✕「我很拚命在做！」

✕「我會加油！」

✕「我會盡最大的努力！」

這樣完全沒有說服力。

熱情空轉的狀態，主觀意識無法傳達給對方。

即使心裡想著「我很拚命在做！」「我會加油！」「我會盡最大的努力！」但在對方眼裡，這聽起來像是理所當然的事。

擅長「傳達熱情」的人，不會以主觀意識傳達熱情，他們會將自己的熱情以客觀的方式傳達。

將熱情「可視化」，具體來說，就是將自己的熱情「數值化」，也可以說將熱情「以數字展現能量」。

「數字」是客觀的資訊，所以可以原封不動地傳達給對方，例如在職業棒球球季開始前，知名的選手會將自己的熱情（目標）化爲「數字」，並且名正言順地公開。

以打者而言，經常會聽到「這次球季的目標是打擊率三成、三十支全壘打、三十次盜壘」；至於投手則是「這次球季至少要有兩位數的得勝（十勝）」。

他們上個球季的成績如果是「打擊率兩成、十支全壘打、十次盜壘」「五勝」的話，那就可以充分感受到熱情了，這麼做也能將企圖心昭告粉絲。

不是「絕對要提高營業額！」
而是「要挑戰營業額增加十萬！」

將熱情「數值化」會更容易傳達，這點在商場上也能拿來運用。

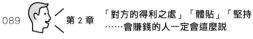

例如在接受客戶的委託時，要將自己的熱情「數值化」。

✕ 不要說「包在我身上！」而要說

○ 「包在我身上！期限是三天嗎？我兩天就幫你做到好！」

就能展示出企圖心與熱情，客戶一定下次也會再找你。當然，前提是要你能在兩天內做完。

還有，數字也是激勵自我的興奮劑。

將目標「可視化」，從好的一面來看，可以鞭策自己。

✕ 不要說「要一口氣把這個月的營業額提高！」而要說

○ 「這個月的營業額，要挑戰突破一百萬日圓！」

說出具體的數字可以讓目標更明確，自然也有幹勁。

目標明確，同事或上司在過程中也會在意而過來關心，也可能在關鍵的時候得到好的建議。

朝著達成目標的方向前進，你要創造出可以讓自己獲得支援的模式。

讓VIP認為「跟你見一面比較好」

「打五十通電話，就能開山闢路」，這句話說得眞好。

說這句話的是一位熟識的友人，創立位於東京表參道的「SAKURA髮廊」，並已經營兩年的田宮一誠先生。

光是有「打五十通電話」的熱情，一定可以打動對方。

實際上，田宮先生有過成功的經驗。他就是打了五十通電話給某大企業，爭取到大客戶。

他說那時候的成功並非偶然或幸運，而是因爲他確信「打五十通電話」一定能傳達自己的熱情。

這家大企業是世界知名的菸草公司——菲利普莫里斯（PHILIP MORRIS），該公司以暢銷產品加熱式菸品ＩＱＯＳ的銷售公司而知名。

那是在ＩＱＯＳ剛發售後不久的事。ＳＡＫＵＲＡ和菲利普莫里斯異業合作，推出ＳＡＫＵＲＡ聯名的玫瑰粉ＩＱＯＳ限定款。

世界性的菸草公司菲利普莫里斯與髮廊合作說是世界首次，在一般通路開始販售前，先在ＳＡＫＵＲＡ舉辦上市發表會，造成很大的話題。而這一切的契機，全都歸功於田宮先生「打了五十通電話」的熱情。

而且這個時候田宮先生，打給菲利普莫里斯不只五十次，而是五十一次。一開始對方完全沒有搭理，但是到了第五十一次，終於突破高牆，成功約到菲利普莫里斯的幹部，實現聯名合作。

的確每一次都是充滿熱情，對方也可能就會認爲：「如果是熱情到這個程度，絕對值得見一面。」而且還打了五十一次電話，任憑對方是誰，都應該能感受到這份誠意。

熱情「展示二十次」也能讓對方改觀

展現自己的熱情，不用五十次，二十次也非常足夠。以我接聽電話的立場來說，二十次就會見面了。

接到二十通充滿熱情的電話，我絕對會對方產生興趣。撇開談話內容，我更想跟這號人物會會面，實際上我也曾經因爲感受到熱情，而與某人見面。

那個人不是打電話，而是用ＬＩＮＥ，非常熱情的聯繫了二十次說想跟我見面，好像是生意上有些煩惱。

人家都連絡到這個地步，我也就覺得自己好像有義務要見他一面。

所以首先要做的就是「展現自己的熱情二十次」，如何成功地傳達熱情，就是成功的分岔路。

而且打二十次電話，其實並不是那麼費力。

上班日每天打一次，大概一個月就會累積到二十次。打一次電話大概只要一、二分鐘，算起來總共也才花四十分鐘而已，完全不會妨礙到平常的工作。

先前提到的田宮先生「打五十次電話」，總時數大概是兩小時。他成功的取得首次跨界合作的權利。花了很少的勞力，卻有很大的成果，各位應該都能理解吧！

限量販售的玫瑰粉的ＩＱＯＳ現在依舊很受歡迎，在拍賣網站上是以超過原本定價的價格在販售。

第3章

會議是賺錢還是浪費時間，差異在於「人數」跟「時間」

會賺錢的人，不會召開「六人以上的會議」

會議超過六人以上，就會分成「講者」和「聽眾」

會議有兩種，「賺錢的會議」和「無用的會議」，也可以說分成「爲了賺錢而開的會議」和「爲了開會而開的會議」這兩種。

會賺錢的人要開的當然是「賺錢的會議」，但是一般的上班族，是不是很多都是在開「無用的會議」？

以前，我曾經讀過一份報告，是NTT Data經營研究所對上班族進行「會議相關的問題與課題」的意識調查，有關會議的問題與課題前三名爲以下三個：

①無用的會議太多
②會議的時間太長
③開會頻率太高

也就是說，很多上班族都爲「浪費時間、太久、頻率太高的會議」而苦惱。

我在勤業眾信工作的時候，根據客戶規模不同，小組成員人數也會有改變。例如年營業三千億日圓的大規模製造業，會組成十人以上的小組；另一方面，像學校法人之類會計內容相對單純的單位，小組成員爲二～三人。

因此會議從二～三人到十人以上，各種形式都有。從經驗中來看，參加人數愈多，會議愈容易流於形式。

會議本身絕對不是徒勞無功之舉，但「爲了開會而開會」，也就是「無用的會議」，這絕對是一種浪費。

要開一場能夠討論賺錢主題的「賺錢會議」，有幾個秘訣，其中首要的，就是「會議人數要少」。

所謂的「少」，也就是「五人以下」，「六人以上的會議」都是浪費。

「六人以上的會議」基本上是不會討論賺錢的議題，因爲一旦超過六個人，當事者的參與會意識會變得薄弱，不知不覺會區分爲「講者」和「聽衆」。

雖然名爲會議，實則爲「報告大會」或是「演說會」。不但會議上遲遲無法出現「賺錢的議題」，開會時間也會變長、頻率也會變高，這完全是一種惡性循環。

只要讓與會人數控制在「五人以下」，就會變成良性循環。

「好的聚餐」「好的會議」的共同點

「賺錢的會議」的人數，以我的經驗來說以「四人」「五人」最爲理想。

會議的目的是要交流各種意見，從中會產生協同作用，會激發出更好的點子。爲了要營造出這樣的氛圍，人數不能太少也不能太多，以「四人」「五人」爲宜。

這可以說是炒熱一個議題的「最佳人數」。「六人」有點太多，這點從喝酒或聚餐人數來想就會很容易理解了。

「好的會議」人數和「好的餐會」人數一樣，兩者都是人與人之間的溝通交流，要能暢談共通話題，「四人」「五人」應該最適宜。

「兩人」「三人」會有點緊張感。人數太少，就不可能出現「意料之外的火花」；而「六人以上」也很難全部參與同一話題，一定會拆開。

跟會議一樣，一旦大家參與意識薄弱，話題就會發散，會拆成「兩人」和「四人」，或是「三人」和「三人」的小組。

如果是「六人以上」，甚至是「十人以上」，更不可能參與共通話題。

「十人以上」的餐會和聚會，與其說是個人交往，更多是偏向業界人士的集會或異業交流會的性質。因此會議的理想人數，和聚餐的理想人數相同。

課長和主任——「職位相差一階」是會議的秘訣

會議和聚餐雖然會隨著參與人員不同而顯示出不同的特質，但兩者都是人與人之間的溝通交流場合。想想「氣氛熱烈的聚餐」，自然就會知道「氣氛熱烈的會議」的要素。

不論會議或聚餐，「參與者的階層」不要差距太多，氣氛才會熱烈。所謂「參與者的階層」，例如「參與者的職位」，部長等級的兩人、剛進公司滿三年的菜鳥職員三人，這種會議或是聚餐氣氛不會熱烈。

當然，可能表面上看起來很熱絡，但是一定會很明確的分成「講者」和「聽衆」。

當然，「講者」是部長等級，「聽衆」是菜鳥社員。菜鳥社員怕說了什麼不得體的話會影響考績，所以只會說些不痛不癢的發言。

實際上在勤業衆信，開會時「參與者的階層」差距太多，會議也不會熱烈。例如十人以上的會議，從管理職的資深經理、經理到像我這樣的新手職員都會參加。由於彼此間的階層有落差，像我們這些剛進公司一、兩年的職員，幾乎沒辦法說上話。

「賺錢的會議」的「階層錯開」，基本上要有一個階級，也就是課長和主任的程度；而以年齡來說，四～五歲的差距較爲理想。

入社一～兩年的新手，遇到工作四～五年的前輩，某個程度而言會不太敢說出自己的意見。

實際上在勤業衆信，好的會議大多是成員階層相近、年齡相差四～五歲。

由於彼此立場相近，會營造出一種「可以不用在意發言內容，想到什麼就說什麼」的氣氛。

雖然新進員工也可能會說出離題的意見，不過以主管或前輩的角度較容易了解新進員工的想法，更能夠「這樣說有點問題」的給予指導，可以多關照新人。

這個瞬間，可以說是開啓了「賺錢的會議」特有的正向循環。

會賺錢的人，「一場會議‧一個主題」

會賺錢的公司為什麼「定期會議很少」

「會議人數要少」——這是「會賺錢的會議」首要的秘訣。

此外，「賺錢的會議」會在一小時內開完。

實際上我的會議幾乎都是三十分鐘就結束。

很多人會覺得會議時間太長很浪費時間，但爲什麼都無法改善？我想原因有下列三點：

- 會議的時間一開始就以「一小時」「兩小時」爲單位。
- 議題不明確（議程不夠清楚）。
- 議題超過兩個以上。

出乎意料之外，最有問題的是「例行性會議」。

不少公司都會有「每週一次」「每月一次」的例行性會議。這樣以「每週一次」「每月一次」的前提召開的會議，大多議題並不明確。

這種沒有議題，卻因爲「每週一次」「每月一次」的理由而召開定期會議其實不在少數，結果會造成內容天馬行空，成了浪費時間的會議。

會賺錢的公司，這種浪費時間的「例行性會議」很少，只在有明確的議題才會開會。

開會時不可或缺的就是議程，而「賺錢的會議」一定要有議程。

有了議程，議題才會明確，反過來說，沒有議程的會議，很多都會流於聊天大會。

議程是指「應檢討解決的問題」「行動計畫」，是能讓會議討論主題更明確的文件。爲了讓會議成爲「賺錢的會議」，必須事前擬定議程並提供給參與者。

議程明確，自然就不會有浪費時間的閒聊，這會讓會議時間大幅縮短。

「一場會議‧一個主題」，馬上就有結論

「賺錢的會議」一小時內就會結束，這還有其他理由。

因爲一開會議時間就不是以「一小時」「兩小時」爲單位來設定。

即使設定開會時間爲「一小時」，只要議題討論後有結果，就應該結束會議。很多「賺不到錢的人」，卻是即使有了結論，還會繼續東拉西扯的閒聊。

「賺錢的會議」可以短時間內結束，還有一個明快的原因，就是限定「一場會議‧一個主題」。

「一場會議‧一個主題」，專注力自然會提高，討論出「能賺錢的結論」的可

能性也會大大提高。

若一場會議中同時有兩、三個主題，注意力容易發散。無法針對單一主題深入探討，所以導出「賺錢的結論」可能性也變低；一直討論不出結果，會議也就變得更久，開始陷入惡性循環。

專注力和緊張感有益於會議的產出，如果是「一場會議・一個主題」，即使會議再久，通常一個小時就能結束，所以議程必須要明載「一個主題」。

會議的目標，也就是「爲什麼要開會」必須明確。

例如「本次會議是有關A案，希望盡可能多發想一些點子，下次會議再討論材料」「本次會議是有關A案，最終要有一個結論」。

決定會議的目標後，一開始開會，議題就有進展。

賺錢會議的「賺錢哲學」

賺錢會議的「五大原則」

1. 參加人數少於五人。
2. 主管階層相差一級。
3. 一小時以內結束。
4. 一場會議 · 一個主題。
5. 事前寄送議程。

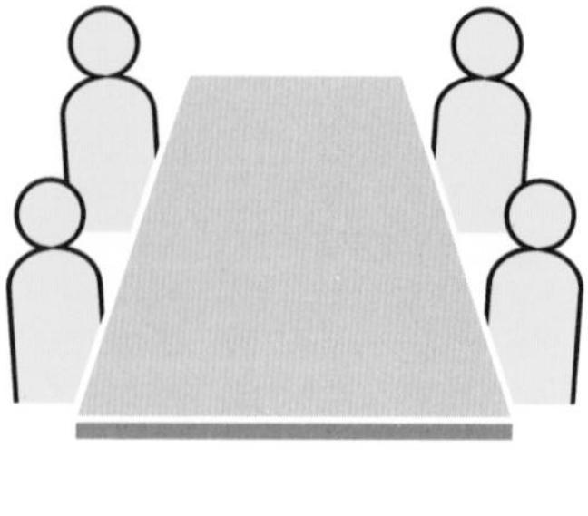

會議效果倍增！

「會議的人力成本，一小時多少錢？」——會賺錢的人會意識到成本

不會賺錢的人因爲成本意識薄弱，所以對於會議時間的長度沒有深入思考。愈是這類型的人，完全沒有考量到開會不只是「花時間」，還要「花錢」，所以開會的時候經常「說沒有用的話」「聊天」「離題」。

會議很明顯的要花成本，而會議的成本，可以以每個人的人力成本來計算。

以日本公司經常召開的會議來計算，假設參與者有「各種階層」，共有十人，例如有部長一人、課長一人、主任兩人、一般職員六人，大家開了一個小時的會。

爲了方便理解，姑且就設定部長的年薪爲一千萬日圓，時薪就是五千日圓；課長年薪七百萬日圓，時薪爲三千五百日圓；主任的年薪五百萬日圓，時薪爲兩千五百日圓；一般職員的年薪四百萬日圓，時薪爲兩千日圓。

這麼一來，這個會議的成本，一小時就是：

五千日圓×一人＋三千五百日圓×一人＋兩千五百日圓×兩人＋兩千日圓×六人＝兩萬五千五百日圓

也就是說，如果這個會議無法產生兩萬五千五百日圓以上的利益，那公司就出現赤字。

所謂「賺錢的會議」，是參與者有共同認知的會議。

根據公司不同，有的會議召集人會在開會前會知道「會議成本」，如此會議上「無用的話」「聊天」「離題」自然就會減少。

行程表不要以「一小時」，而是改以「三十分鐘」為單位

會議時間如果不只一小時而是兩小時，那成本當然就增加為兩倍；此外，會議次數如果不只一次，而是兩、三次，那更要暴增兩、三倍的成本。

會議進行時，若完全沒有時間和成本意識，是造成「會議水準」大幅降低的原因。會議愈多，「那個人原本業務上可獲得的利益」就會失去愈多。

但是反過來說，如果會議時間減半，那成本當然也少了一半。把會議時間的長度定爲目前的一半，也就是「三十分鐘」，這也是人注意力集中的時間上限。

我認爲注意力最多能持續「三十分鐘」。「三十分鐘」的時間，可以集中精神做出生產性高的討論，還能將時間及成本減半，成果倍增——這完全可能實現。

實際上我的行事曆是如下所述，以三十分鐘爲單位排定：

- 上午十點～十點半　事務所開會。
- 下午兩點半～三點　市區會議室討論現在進行的業務。
- 下午四點～四點半　市區飯店與商務夥伴交換情報。

考量時間與成本，「三十分鐘」最爲理想。

讓參與者覺得這是一場「好會議」的結尾方式

會議「結尾好就一切都好」，這是「賺錢會議」的鐵則，也就是只要有出現「賺錢的結論」就好。

有了結論，可以強化共同的認知，如果不這麼做，對於結論「已決定」「還沒決定」可能會有所爭論，所以說會議「結尾好就一切都好」。

例如決定採用B案，在會議的結尾不要只說「決定採用B案」，而要把整體的概略、決定事項再做確認，並且確定下一步的行動。

有時候在會議結束之後，迅速作出會議紀錄寄送給參與者，讓大家共有「賺錢的結論」是非常重要。

還有爲了以防萬一，即使沒有「賺錢的結論」，在會議中也嚴禁出現以下這種結尾：

✕「那麼有關A案，就讓我們再研究看看。」

「再研究看看」這個說法在工作上是禁語，因爲用了這個說詞，根本沒有人會去「研究」。會議的結尾如果用了這樣的詞彙，之前的開會都白費了。

會賺錢的人在會議結尾，一定要用有明確數字的正面詞彙。

所謂的數字可以是行程表，即便當下沒有結論，「結尾好一切都好」。可參考下述具體且斬釘截鐵的結尾方式：

〇「今天討論的議題，兩天後一定要有結論。」

〇「今天您所提出的問題，我後天再度拜訪時會處理好，屆時再跟您確認最後結論。」

如果說不出具體的內容，只說「再研究看看」就結束，那永遠不會得到「會賺錢的結論」。

第 4 章

用「會賺錢的語法」提升自我

會賺錢的人，懂得巧妙使用「主詞」

「我是」「我要」——以自己為「主詞」的語法

「主詞」的使用方式，可以提高你的評價。

實際上大家口中好評不斷的人，也就是會賺錢的人，會在談話中不著痕跡的提及「我」，非常善於推銷「我」。

說話時以自己爲「主詞」，說不定是個好主意。

假設你是團隊領導人，整個團隊爲專案傾注心力，大家一起努力拚出成果。這時候主管來詢問進度，如果你如下述的方式回答，主管會怎麼想？

✕「現在整個團隊都在一起努力。雖然還有幾個問題要解決，不過我們會靠團隊合作克服，確保如期完成。」

這是上班族既有的標準回答。但是這種回答方式，一定無法提高你的評價，你無法成爲會賺錢的人。

即使這個專案成功，你這樣的回答方式，與其肯定你的能力，更多的應該會是「大家都辛苦了！」這樣對團體的評價。

評價高的人，會這樣答覆主管：

○「小組成員在我的激勵下，現在都能齊心協力。雖然還有幾個問題，不過組員都有回報現況，靠團隊合作努力解決。一定讓大家如期完成任務。」

這是評價高的人的回答方式。

雖然所說的話內容幾乎相同，但是巧妙的使用「主詞」就可以好好的宣傳「自己」，相較於先前的回答，後者給主管的印象絕對比較深。

「刻意隱藏主詞」效果也很大

但是，若在對話中過度使用「我」，有時候也會惹人嫌。此時要明白即便不說「我」也可以顯示出「主語」。

評價高的人會巧妙利用語言的特點，在說話時把「主語」隱藏起來。

請你回頭看看先前例子裡的那段話。

在這段對話中，其實「我」只有出現一次，但是隱含「主詞」的句子卻有兩個，總共用了三次「我」。

發現哪句話隱藏了「主詞」嗎？答案是下面這兩句：

「組員都有回報現況。」

「一定讓大家如期完成任務。」

確實句子裡沒有出現「我」，但是任何人聽了都明白，「主詞」就是「我」。評價高的人，以「隱藏主詞」的技巧加強了宣傳的效果。身爲團隊領導人，巧妙使用「主詞」，在專案成功的時候，主管就不會說：「大家辛苦了！」

說話時以自己爲主角，上司對你的印象會截然不同，專案完成時，也能以團隊領導人的身分獲得評價：「金川，做得好！」

「平凡一般論」＋「主詞」就是「很棒的意見」

任何一家公司都有能力出衆、但是評價卻很低的人，有時候即使有了成果，也沒有得到相應的評價。

這其中原因很清楚，幾乎沒有例外，都是因爲不懂得表現自我。

爲什麼會拙於表現自我？這也幾乎沒有例外，大多是太過依賴主管、同事和屬下。

「部長應該會給我好的考績。」

「同期的那個人應該會了解我。」

「後輩的女孩，我教了她很多，她應該都有看到。」

這種依賴在工作場合中都會被背叛。也有人把這種依賴錯認爲協調性，只要還有這種誤解，就無法成爲會賺錢的人。

在工作場合，不管是「部長」「同期的那個人」「後輩的女孩」，每個人都忙著自己的事情，沒有人有餘裕去看你做的事、給予評價，也正因爲如此，才需要表現自我，讓他人對你有正確的評價。

「金川很有能力。」

「金川很有成績。」

對方會對你刮目相看。

依賴上司、同事、屬下，沒有表現出自我、說話容易拐彎抹角，這些都會讓所說的話聽起來沒有當事者意識。尤其是團隊工作，這種傾向更強烈。

表現自我最有效的工具就是「主詞」。例如上司詢問你對某個活動企畫書的想法，如果你這麼回答，上司會作何感想？

✖「整體看起來很完整，不過沒有亮點，到底這樣做能有多少集客力……應該再稍微修改一下比較好吧。」

乍看之下是非常認眞的回答，但是因爲沒有「主語」，所以感覺不到主張和意見，聽起來很可能會被認爲只是一般的評論。對於詢問你的感想的上司而言，你的回答還眞是「沒有亮點」。

但這樣的句子，只要把「主詞」放進這段話裡，印象就會丕然改變。

○「整體看起來很完整。但是如果是我的話，會想個更有亮點的活動。現在這樣可能集客力會比計畫中來得低，我認爲應該退回給負責人再修改一下。」

把「我」當成「主詞」放進去，光是這麼做，就從一般評論變成發言者的意見。儘管沒有說出具體的改善對策，但是可以感受到主張和意見。（若是上司只是問你的感想，也不需要著墨於具體改善對策的場合就很合適。）

此外，使用「主詞」語氣自然就會變得斷定，這樣還會讓別人對你有「這個人很有自我主見」的評價。

令人刮目相看的語法——以「個人角度」說話

最有效率的推銷自我方式，就是經常以「個人角度說話」。

這絕對不是什麼困難的事情。任何事情都以「如果是我的話會怎麼想」「如果是我的話會怎麼說」的角度說話即可。

例如在會議中聽其他人的發言，不要渾渾噩噩的左耳進右耳出：

✕「原來如此，說得眞好。」之類，

✕「我覺得不是這樣。」像這樣漠不關心的聽。

要以「如果是我的話會怎麼想」「如果是我的話會怎麼說」的角度去聆聽，例如：

○「原來如此，說得眞好。但是如果是我的話……」

○「我覺得不是這樣。如果是我的話……」

要像這樣，以「自己的角度去聽」，隨時保持「如果是我的話會怎麼想」「如果是我的話會怎麼說」的意識。

即使有錯誤也無所謂，試著說出來、養成習慣後，一定會變成可以說出「令人刮目相看意見」的人，不管任何場合都可以毫不畏縮，清楚的表明自己的意見和立場。

「我下個禮拜會做完」「如果是我的話推薦這個方案」「以我的立場，絕對想要執行這個案子」等，說話時加入主詞，可以增加話語的力道，增加說服力。能夠表達自我，對於大部分人很不擅長的「回絕」，困難度也會大大降低。

「金川，看你這麼忙不好意思，下個禮拜結束前可以幫忙把這個工作弄好嗎？」

「部長，非常抱歉。我現在手邊的案子要下個禮拜中才能做完。下個禮拜後半再做您的案子會不會太晚？」

清楚的說明自己的狀況，上司應該也應該能夠諒解。

說話時要有「主詞」意識，光是這麼做就能提高你的評價。

會賺錢的人，懂得掌握現場的「氛圍」

「從現在開始是重點」——用一句話提高注意力

人的注意力持續時間只有三十分鐘，注意力較低的人，可能只能持續二十分鐘。

實際上不管哪家公司，開會討論只要超過三十分鐘，出席者的注意力都會開始下降、出現倦怠。

要在這種倦怠的氣氛下，談論「重要事項」「絕對需要記下來的重點」，真的是效率非常差的事。

那麼這個時候該怎麼做才好？你必須使用「讓對方注意力瞬間提高的一句話」。

使用「讓對方注意力瞬間提高的一句話」，任何令人倦怠的會議、會談，氣氛都會不可思議的緊繃起來。

具體來說，在說「重要事項」「絕對要記下來的重點」之前，請加入下述的「一句話」。

◎「這是非常重要的事項……」

◎「這裡是絕對希望要記下來的重點……」

如何？

有人可能會認為「這麼拙劣的技巧，眞的有用嗎？」但是實際做做看就會知道，這樣的「一句話」確實有效。

想想當你身處一個倦怠的會議或會談，應該就能理解。

在那個讓人倦怠的會議或會談，你的注意力已經逼近臨界點的時候，有人突然說：「這是非常重要的事項」或是「這裡是絕對希望要記下來的重點……」瞬間就能提高你的注意力，至少你就會先聽那個人怎麼說。

「瞬間提高對方注意力的一句話」在人數多的場合也很有效，只要穿插這「一句話」，參與者馬上會豎起耳朵。

例如研討會。我在自己主辦的研討會上，就會使用「瞬間提高對方注意力的一句話」，提高參與者的注意力。

研討會開始十分鐘、二十分鐘，參與者多少有些緊張感，注意力也集中，所以能好好的聽講。

使用的時機，約莫是進入研討會的後半段。

研討會愈是進入後半段，談論的話題也就愈重要，但是愈到後面，不習慣參加研討會的人就會備感疲勞，這種時候，就要使用「瞬間提高對方注意力的一句話」。

◎「現在開始要講述今天的結論……」

◎「現在開始要進入非常有趣的話題……」

這個時候，音調要提高，讓會場有緊張感。

用一句話，拉回對方的專注力

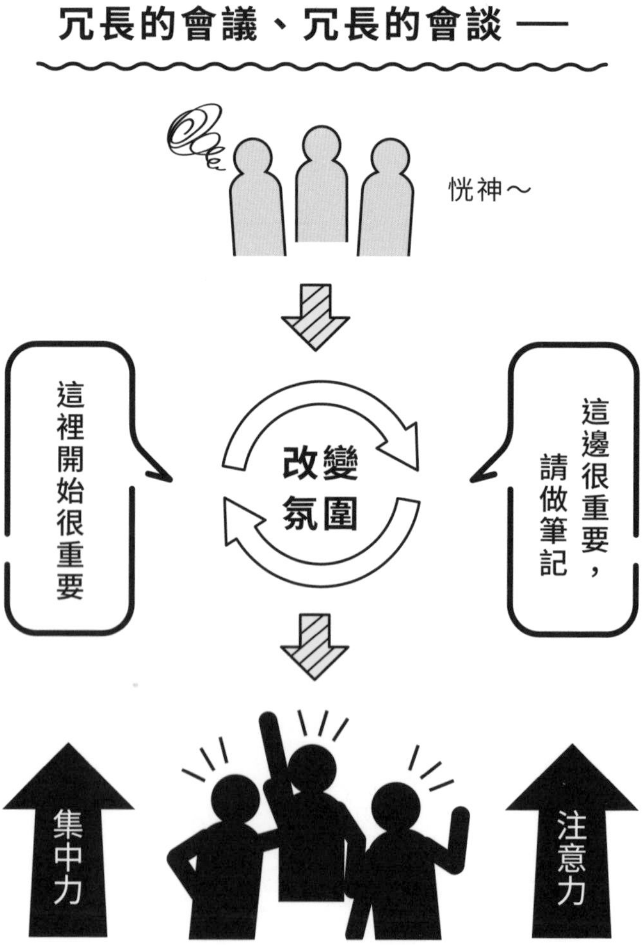

用「現在開始講的部分請做筆記」激發注意力

會賺錢的人，只要靠「一句話」，就能瞬間提高對方的注意力。

而會賺錢的人，也可以靠「一句話」就提高對方的關心，是比「瞬間提高對方注意力的一句話」威力更強大。

請試著說說看「瞬間提高對方關心的一句話」。

「瞬間提升對方關心的一句話」是在對方沒有料想到講者會說，或是以爲講者會說別的話的狀況下最有效，也就是這「一句話」能讓對方察覺到「盲點」。

例如在營業會議，想當然爾大多是「提高業績」相關的話題，會議中會圍繞著如何提高成交率、如何提升集客力的主題在進行。

但是身爲團隊領導人的你，思考著和組員完全不同的事情。

實現中長期「提升業績」的目標，重點不在於「成交率」也不是「集客力」，而是組員完全沒有想過的「人才」問題。

在這種情況下，如何提升組員的業務技巧，對於你來說是「最關心的事」，但對組員來說卻是「盲點」。

要讓組員察覺到「盲點」，該怎麼做呢？用「瞬間提高對方注意力的一句話」，衝擊力有點小。

✕「現在開始要說的事情非常重要。」

這個時候，組員們想的只有「成交率」和「集客力」，如果突然提到「人才」的話題，沒頭沒尾的很容易誤解話題的重點。這時就應該要用「瞬間提高對方關心的一句話」：

○「接下來要說的事情很重要，請做筆記。」

「請做筆記」是促請行動的語彙，可以提高對方的關注。

會這樣說，也表示是要對方不只是要用聽的，還要做筆記，才不會聽得不清不楚，也能抓到重點。

此外，不只是要讓對方行動，你自己也要動起來，效果才會大。

「接下來要講的很重要，我也會寫在白板上。」

引起對方的關注，除了語言之外，行動也很有效。

這個時候，就算組員本來在看手邊的資料或摘要，也會抬起頭，寫在白板上的東西會讓他們做筆記，或是用手機拍下來，也就是留有記憶，也留有紀錄，而「有紀錄才能有記憶」。

讓對方行動，自己也行動，就能讓說話的影響變得如此之大。

「請在三天內完成」提高行動力

想讓對方動起來。

想讓對方幫忙。

想讓對方讓步。

想讓對方購買。

會賺錢的人，毫無例外的很會提高對方的行動力。

巧妙的使用「瞬間提高對方行動力的一句話」，讓周遭的人在不知不覺中會跟上自己的步調，掌握主導權。

但要如何巧妙的把這樣的話說出口呢？那就是在句子中加入「時間」。舉個具體的例子來說：

✕「請再確認一下這個案子的細節。」

○「三天內請確認好這個案子的細節。」

像這樣給出指示，對方一定就會在三天幫你做到。說不定從今天開始，就會把你的案子排在最優先的順位。

事實上「三天內」這句話是關鍵字。

如果是說「今天開始」「明天開始」，恐怕會給對方壓力；「三天以內」則感覺有點餘裕。

以我的經驗來說，工作場合上說「三天以內」，幾乎沒有人「三天以後」才做，大多數的人都是「今天開始」或「明天開始」做。

我在勤業眾信工作的時候，主管的關鍵字是「今天」，尤其是在說重要的事情時，一定會使用「今天」這個關鍵字。

✕ 不要說「這本書絕對有幫助，去看一下。」而是

〇「這本書絕對有幫助，今天回家就去買來看。」

每次一聽到「今天」這個詞彙，我都會不自覺的挺直腰桿，有一種緊張感。

想要吸引對方的注意時，加入數字、提出具體指示，用更高階的說話方式說出即可。

會賺錢的人，用「切中人心的語法」加深印象

「美國優先！」——川普總統說話切中人心的理由

會賺錢的人，擅長使用「切中人心」的語法。

說得極端一點，即使有兩個人說了相同的話，其中一人就是能讓對方更有印象，例如下面兩句都是美國前總統川普的名言：

◎「美國優先！」

⭕「讓美國再次偉大！」

雖然兩句都是英文，但是即使是外國人看到了也會覺得很有震撼力。

前總統川普是身價約三十一億美金的不動產大亨，果然會賺錢的人說話就是很能「切中人心」。

這兩句「美國優先！」「讓美國再次偉大！」的意思，不只是美國人，聽在外國人耳裡都會覺得很振奮，比如把「美國」換成「日本」，也很震撼。

⭕「日本優先！」

⭕「讓日本再次偉大！」

這些句子都很短，而且使用的詞彙也很簡單，但就是又短又簡單的句子，更有衝擊力。

實際上這些句子都使用了稱之爲「Sound Bite」的技巧，所以這些話能深深打動我們的心。

所謂的「Sound Bite」，原本是指從政治人物演說或是運動選手的採訪中，擷取一部份並加以引用的句子。

這是在語言上很專業的媒體，了解那些話能切中讀者或觀衆的心而選出來的句子。

Sound Bite 就如同先前提到，有一些特點，就是重複簡短、易懂的句子。

不管是「美國優先！」或「讓美國再次偉大！」都是重複簡短易懂的詞彙，所以容易留存在人們的記憶中。

「簡短」「好記」「有力」──切中人心的三要素

一般上班族也可以使用 Sound Bite，讓自己的話給人印象更深，這並不是政治人物或運動選手的專利。

政治人物或運動選手本身就有新聞價值，媒體會從他們的話語中選出能切中人心的句子，我們也可以自己做。

這其實並不難，在下述的三個條件中，只要選擇滿足兩個條件的組合即可：

①簡短

②好記

③有力

不要選擇太困難的單字或表現方式，使用任何人都可以模仿的日常用語即可。

不論是「美國優先！」或是「讓美國再次偉大！」都是簡短易懂，而且有力的句子組合。

在商務對談中，已經是老生常談，但下述的句子就有滿足Sound Bite的條件：

O「絕對不會讓你賠錢！」

O「現在是最後機會！」

我在工作中，也會找尋簡短、好記、有力的句子。

這幾年我經常用在工作上的Sound Bite是下面這一句：

「很高興能告訴你！」

商業基本上就是「傳播」，是指傳播資訊。

我藉由傳播資訊，讓夥伴和客戶有更好的成果，我非常開心。而更值得高興的是，因爲這樣，下次夥伴那邊得到的新資訊，也會回流到我這邊。

這就是「很高興能告訴你！」

「進攻是唯一的防守」——改變人生的語法

Sound Bite具有「改變人生的力量」，實際上，我也有因爲一句Sound Bite而改變人生的經歷。

在高三的初春，我大學考試失敗了。雖然有上了保底用的大學，但是沒有考上第一志願。我非常氣餒的同時，也萌生了「保底的大學也不錯」的想法。

而祖父跟我說的一句話，改變了我的人生：

◎「進攻是唯一的防守。」

這句話給我很大的衝擊，讓我決定重考。

「如果在這裡妥協，那一輩子就只能過保守的人生。我要再一次進攻，挑戰第一志願。」

現在回想起來，那時候沒有什麼東西是我該防守的，且也正因爲如此，所以才更應該積極進攻。

祖父大概也了解到這一點才會這麼說。順道一提，我的祖父是到八十歲都還在兼做漁夫和投資家的「狠角色」。

「硬梆梆！」「咕嚕咕嚕！」——善用狀態詞的力量

所謂的「狀聲詞」和「狀態詞」，是像「叮鈴鈴」「軟綿綿」之類，表現聲音或狀態的字彙。

巧妙使用「狀聲詞」和「狀態詞」，可以讓對話有臨場感，進而達到吸引注意力的效果。

著名的職棒選手長嶋茂雄就是使用「狀聲詞」「狀態詞」的高手。

長嶋先生從球員時期到教練時期，以「棒球先生」之姿留下很多經典傳說，其中之一就是使用「狀聲詞」「狀態詞」來指導打擊。

「要『磅』地一聲打出去！」

棒球門外漢或許很難理解，但是在大聯盟非常活躍的松井秀喜，就因爲這種指導方式而啓發了打擊能力，非常可怕。

舉個例子來說，瘦身書中用「狀態詞」也會更有說服力。

✕ 不要說「降低脂肪」，而要說

○「大量降低脂肪！」

這樣感覺比較有瘦身效果。

還有英文補習班的宣傳文案也一樣，使用「狀態詞」可以提高衝擊性。

✕ 不要說「英文會話能力變好」，而要說

○「英文會話能力會愈來愈好。」

○「轉眼間就會說英文。」

這樣比較感受得到學習效果，商務上也一樣。

早上開早會時只要使用「狀態詞」，職場的工作動力就會提升。

✕ **不要說「今天也一起努力！」**

○ **「今天也卯起來做！」**

不可思議的士氣都上來了。

想要催促加快速度，單純地說「趕快做完」，說「咻咻地收拾掉」比較有節奏感。我也把「咚咚」「咻咻」這類「狀態詞」當成口頭禪在使用了。

○ **「那下午也要嘿咻嘿咻賣力做！」**

午休結束說這句話鼓舞大家的情緒，也可以啟動自己的開關。

會賺錢的人，準備「兩種」自我介紹

會議中「一分鐘自我介紹」，宴會時「兩分鐘自我介紹」

「人的第一句話占九成」──我是這麼認爲。

一般是說「人的外表占九成」。的確，從服裝、外貌、所使用的物品等，某種程度可以了解對方是什麼樣的人物；但以我的經驗，在工作場合中，比「外表」更重要的是「第一句話」，也就是自我介紹、打招呼。

根據自我介紹和打招呼的不同，能給對方留下不同的印象。若是留下強烈的、讓對方想要「跟你一起工作」的印象，賺錢的路自然就變寬了。

在工作場合中，自我介紹或打招呼是如此的重要，但是很多人卻沒有深入思考、漫不經心地對待，讓我驚訝不已。

該如何自我介紹，該怎麼打招呼，我平常就會加以思考。要配合TPO（時間、地點、場合），選擇適合的說詞。

首先是自我介紹，我都會準備兩種類型，分別是「一分鐘自我介紹」和「兩分鐘自我介紹」。

要使用「一分鐘自我介紹」還是「兩分鐘自我介紹」，要配合TPO，比如要參加公司內外部會議等，這樣需要短時間內自我介紹的場合，我就使用「一分鐘自我介紹」。

如果是參加公司外的聚會或派對，有較充裕的時間可以介紹自己時，我就使用「兩分鐘自我介紹」。

說得簡單一些，你也可以想成如果是偏商務工作性質就用「一分鐘自我介紹」，較休閒的場合就用「兩分鐘自我介紹」。

會議中談論「自己擅長的領域」

會賺錢的人懂得準備「兩種」自我介紹，這是有非常清楚的目的。

那麼「一分鐘自我介紹」和「兩分鐘自我介紹」有哪裡不同？

首先你要知道，公司內外的會議，和公司外部的聚會和派對的「氛圍」完全不同。

所以「一分鐘自我介紹」中，你一定要提到「自己擅長的領域」，才能讓參與者對「你」留下印象。

自我介紹中，有些人說完自己的姓名、公司名稱（部門名稱）、負責業務、經歷之後，最後說句「請多指教」就結束，這種完全不值得一談。

這種自我介紹，如果是參與者全體都要做自我介紹的場合，一個人說了這麼多內容，完全沒有記憶點。

自我介紹是用來表達自己的「存在理由」，對於商務人士來說，所謂自己的「存在理由」，就是自己「擅長的領域」。

在勤業眾信工作時，遇到參加公司內外部會議需要自我介紹時，我都是像下述一樣突顯自己的「擅長領域」。

⭕「**我非常會看現金存款和借款，所以要抓弊端交給我就對了。**」

加入「擅長看現金存款和借款」「擅長找弊端」等「自我工作論」，就像是「堅持」一樣，也是一種推銷。

這種「工作論」個性鮮明，在這種場合會有種幽默的感覺，能夠緩和會場的氣氛。

在自我介紹中帶入「工作論」「個人堅持」，不只能宣傳「自己的能力」，還能讓聆聽者有「這傢伙有點有趣」的感覺，對「你」留下印象。

🔺「**我擅長看現金存款和借款。**」

光只有這樣也不錯，但是和先前的自我介紹相比，不得不說效果沒那麼好。

談論自己的「工作論」「個人堅持」，能夠大大宣傳自己「存在的理由」。

派對上説「自己擅長的領域＋自我魅力」

參加公司外部的聚會，如果時間較充裕，可以使用「兩分鐘自我介紹」，其中一定要提到「自己擅長的領域」和「自己的優點」。

重點是，要把「自己擅長的領域」和「自己的優點」分開說明，不會自我介紹的人，會把這兩者混爲一談。

「自己擅長的領域」和「自己的優點」究竟哪裡不一樣？

「自己擅長的領域」也可以說是「身爲商務人士的自我魅力」；而「自己的優點」則是「生而爲人的自我魅力」。

參加公司外部的聚會和派對，大多不拘於形式，可以說是宣傳「生而爲人的自我魅力」的絕佳場所。

我在自我介紹中，會不著痕跡的加入下述的「自我優點」：

○ **「我小時候有學鋼琴和長號，所以手指很靈巧，鍵盤盲打自然而然就記住了。」**

這和之前一樣，也可以只說「我小時候學過鋼琴和長號」，但是和「電腦」這個工作技能連結，就可以提高自己「存在的理由」。

也就是說，我希望對方聽到我的自我介紹時，留下「金川這個人手指很靈巧，所以很擅長打電腦，工作手法應該也很好」的印象。

與其說得很露骨，還不如若無其事的將「自己的強項」輸入對方的腦袋裡，這是自我介紹的核心。

還有在自我介紹時，內容當然重要，態度也是重點，但比什麼都重要的，是說話時要跟參與者有「眼神交流」。

說起來出乎意料之外，能做到這點的人很少。

「眼神交流」是讓別人覺得你有自信的絕對條件，對方就會好好地聽你說。說話時眼神游移，會給人不夠穩重的印象。

自我介紹是成為會賺錢的人的第一步，請大大宣傳你「存在的理由」。

第5章

工作上的「閒聊」，
會製造意想不到的差異

會賺錢的人，「聊天」也能賺錢

「會賺錢的聊天」跟「普通聊天」的內容完全不一樣

聊天要聊什麼？

對於會賺錢的人來說，聊天的主題很重要。

聊天可以突顯自己見多識廣，是絕佳的機會，還可以得知工作資訊，以及很多私人有利的情報。對於商務人士而言，顯而易見的可以成爲打動人心的點。

當然，這其中你知道多少「可以賺錢的話題」，是最大的重點。

並不是說聊天就可以天馬行空，職業運動、音樂、電影之類的話題，困難之處在於「門檻太高」。如果對方對這些一無所悉，就完全沒辦法繼續下去。

一般來說，即使讀賣巨人隊再怎麼受歡迎，如果對方對職業棒球沒有興趣，拿來當作「賺錢的話題」只會帶來不快。

還有「高門檻」的話題，選擇「說話場合」也是一大困難。在餐廳或電車裡聊「高門檻」的話題可能沒有問題，但是在辦公室聊的話只會惹人厭。

也就是說，「高門檻」的話題，不適合當「賺錢的話題」。那什麼話題適合作為「賺錢的話題」呢？直接來說就是下列三種：

①健身
②書籍
③美食

為什麼這三個是「賺錢的話題」呢？

因爲如果是稍具工作能力的人，毫無例外，對這三件事都會有所關心。

工作能力好的人，會注意自己的體態、健康，某個程度來說是理所當然的事，所以對於「健康」「健身」的話題會有所關注，自己也有相關資訊，而且除了身體健康之外，也會注重心靈健康，所以會經常閱讀。

即使沒有閱讀，也會想要知道有關書籍的新知，所以談到書的話題，工作能力愈好的人會愈有興趣。

最後一個是「美食」話題。

工作能力好的人，爲了身體健康和心靈健康，當然也喜歡「吃得好、吃得健康」，所以提到「美食」話題，一定會聊得很起勁，如果得知好的資訊會非常開心，相對的有好情報也會很樂意與你分享。

那麼以下就來逐一剖析這幾個「賺錢話題」。

「有錢人有興趣的話題」能賺錢！

「商場上的說服力，與胸膛厚度成正比。」這句名言是一位我在勤業衆信工作時很尊敬的前輩——W先生的口頭禪。

第一次聽W前輩這麼說的時候，老實說我丈二金剛摸不著頭緒，但是實際上自己找教練開始健身後，就有種「恍然大悟」的感覺。

其實做生意和健身有很多共通點，所以「健身」的話題，可以當成直接與工作相關的「賺錢話題」。

不論做生意或健身，首先都要設定目標。如果是做生意，目標可能是「月營業額要突破一千萬日圓」，健身的話則是「腹肌要有六塊」，當然目標的種類是不同的。

但是，一旦設定目標，爲了要達到目的需要制定詳細的計畫，需要克己自律——這一點做生意和健身都一樣。

事實上持續健身是非常辛苦的事情，有時候也會想放棄。但是只要持之以恆，成果絕對會看得到。

努力不會白費——這種成功體驗，也可以運用在工作上，也就是說，「健身」話題就是「目標達成能力」的話題。

此外，健身也是不斷的進階，可以體驗達到目標的過程。

例如習慣三十公斤的槓鈴，就會稍微再增加重量；爲了增長更多肌肉，要繼續訂定新的目標，逐步循序漸進。

工作也一樣，永遠都有新的課題，訂定目標後去達成，進入下一個階段。

也就是說，「健身」是「職涯進階」的話題。

做生意和健身有很多共同點，所以即使對方沒有在「健身」，在生意場合也能充分炒熱氣氛。

找到與對方「意外的共同點」——聊天的目的

《工作能力好的人爲什麼喜歡健身？》這是一本我曾看過的暢銷書名。

如同我前面所說，做生意和健身有很多共同點，所以我認爲言之有理。更進一步，我認爲也可以這麼說：「健身的人，毫無例外工作能力都很強。」

實際上，有在健身鍛鍊出寬厚胸膛的人，穿西裝會非常好看，威風凜凜、自信滿滿。尤其是第一次見面，「看起來威風凜凜、自信滿滿」的印象非常有利。

此外，「健身」話題有個特色，就是在商務場合非常容易聊得開。

常言道：「人的外表占九成。」但是「外表」很難拿來當話題。容貌、髮型、表情、裝扮等，即便對方的「外表」有多出色，在商務場合上，除非已經很熟稔，否則不可能拿來當話題。

實際上即使對方容貌出眾，你也不太說得出口「你好帥」；或是對方繫著一條好看的領帶，你也會不好意思說：「領帶很好看。」

但「健身」話題是個例外，而且「健身」話題不只很好聊，也很容易炒熱氣氛。

例如第一次見面，對方穿著西裝，看得出來是有練過肌肉。這個時候你就可以很簡單的說一句：「你的身材眞好！有在做什麼運動嗎？」

對方可能會回答：「學生時代的時候有踢足球，現在是去健身房。」

「哇！我也有踢過足球呢！」

「哇！我也有上健身房呢！」

藉此找到對方與自己的共同點，就可以當作話題。

初次見面的對象有共同的經驗，就容易聊開來，雙方的距離馬上就會縮短。

以我的經驗來說，「健身」話題能炒熱氣氛的機率非常高。

身材好、胸膛厚、腹部平坦、曬得黝黑……對於初次見面的人，如果感受到「有在鍛鍊身體」的氣氛，那就應該先試試看聊聊「健身」話題。

公開會賺錢的人的「話題指南」

會賺錢的話題指南

①「健身」的話題

→ 做生意和健身
有很多共同點！

目標達成　職涯進階

②「書本」的話題

→ 為了成功的有
益資訊！

有錢人喜歡的話題是？

③「美食」的話題

→ 會賺錢的人都喜
歡美食！

B 級美食也推薦

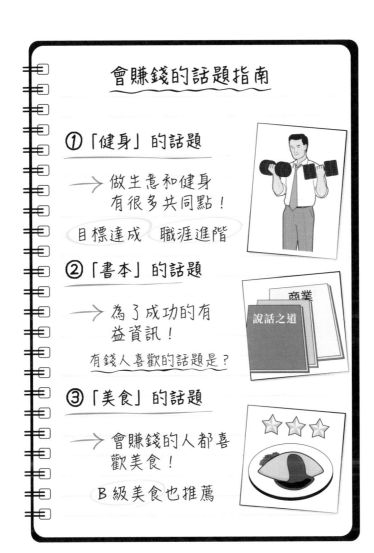

會賺錢的人，把「書籍」當作致富工具

電車中看書的人愈少，書就愈能成為一種「武器」

書籍能成爲「武器」，現在你正在讀的這本書也不例外。某個層面來說，這是理所當然的事。

因爲內容豐富的商業書籍或自我啓發書籍，彙整了成就工作與人生的有益情報，這種書當然可以稱之爲「武器」，所以我只要一有空閒就會閱讀。

但最近會在通勤電車中看書的人，還有多少？幾乎都是盯著手機看。

當然，可以用手機來查閱郵件、工商新聞，但是這種瑣碎的情報，應該利用

「零碎時間」「同時做其他事」的「小時間」來做即可。

通勤時間其實是「大時間」，少則三十分鐘，很多人甚至是一小時以上，最適合補充像書籍這種彙整過資訊的內容。

而且上班族通常都很忙，除了通勤時間之外，一天之中能完整抽出三十分鐘、一小時看書的人應該很少。

通勤時間正是補充賺錢「書籍」素材最佳時間，不過現在幾乎沒有人在通勤時間看書。

事實上這種狀況對你而言，是不可多得的機會。看書的人愈少，書籍就愈能成爲犀利的「武器」，也就是你勝出的可能性很大。

以「是否有富人喜歡的主題」的角度看書

我每個月會看二十本以上的書，類型幾乎都是商業書或勵志書。

提到每個月看二十本以上的書，會讓人佩服「你眞是個愛書人」，但我本身其實沒有特別喜歡看書。

說是看書，都是商業書和勵志書，我不看小說或短文。

與其說因爲喜歡書而看很多書，倒不如說是想知道「賺錢話題」的想法很強烈，所以才看書。

想要找到「賺錢的主題」，要有點秘訣。

所謂「賺錢的主題」，是可以成爲人生、工作武器的主題，也就是說，所謂「能賺錢的主題」，是說了別人會很開心的話題。

羅伯特．清崎有一本聞名世界的暢銷書《富爸爸，窮爸爸》，這本書全球銷售超過一千萬本，是本篇幅長且內容多的書，很難三言兩語就說明白。

想要介紹這本書，至少要花三十分鐘，但光只有這樣無法成爲「賺錢的話題」。

從「有沒有說了會讓人開心的話題」的角度來看，《富爸爸，窮爸爸》一書中，有很多讓人印象深刻的句子。

例如像下述這句正中我心的句子：「創業者必須向三種人推銷。」這用來作爲商務場合聊天的開場白，不是很棒嗎？

即使不是創業者，只要是有能力的商務人士，都會在意「是哪三種人？」而且這「三種人」很特別，以我的經驗來說，談這個話題絕對能炒熱氣氛。

前面那一句是像這樣接續的：「那就是投資人、員工、顧客。」對我來說，這才是可以成爲人生和工作武器的「賺錢話題」。

「三種人」當中，第一個是「投資人」，最後一個是「顧客」，從工作能力好的人來看是理所當然的。

但是第二順位的「員工」，很容易被忽略。

公司想要賺錢，最重要的是員工的工作。因此創業者必須將公司的計畫、目標、理念好好的「推銷」給員工。

從「有沒有說了會讓人開心的話題」的角度來看，看書一定能找到「賺錢的話題」。

最佳問題：「請介紹對工作有幫助的書！」

工作能力愈好，愈常看書。

因爲工作上關心的主題很多，自然會想要看書，所以應該會知道哪些書可以成爲「武器」。

談論「書籍」時不要只是自己講，聽對方怎麼說效果更大。也就是說，讓對方告訴你能成爲人生及工作上「武器」的書籍。

俗話說「辦事靠內行」，「那一行的專家」會很高興的介紹「那一行的專業書籍」。

例如在異業交流聚會上，和做行銷的人交換名片，這種場合，愈不懂得賺錢的人就愈會去談一些半桶水的知識，場面會變得很冷很乾。

請對方告訴你能成爲「武器」的書，這個時候就是絕佳機會，可以試試用下述的方式直接詢問。如果對方是專業好手，絕對會很高興的告訴你。

「可以跟您請教，有沒有任何行業都適用的行銷書籍呢？」

只要聽到「可以跟您請教嗎？」愈是有本事的人，就愈會展現出氣魄。比如這種場合，行銷剛好是我的強項，所以我不只能對答如流，還能相談甚歡。

從這個層面來說，「書籍」的話題可以作爲商務閒聊的話題。

提到行銷，從市場調查、廣告宣傳、策略、最新手法等，範圍很廣泛，所以對方也會想了解我的行銷知識，或是想了解其他部分，就會主動來對話。

談論擅長領域，跟對方談話就能得心應手，因爲有關行銷方面，他可能也想要好好討教學習。

對方推薦的書，「在對方面前用手機直接購買」

接下來介紹工作能力強的人，強化信任關係的「賺錢禮節」。

例如接續前面的話題，對方具體「推薦一本書」給我，而我「當場就用手機上網購買」，這就是「會賺錢的人的禮節」。

讓人有衝擊性的行爲，會讓你的存在感瞬間提高。

實際上對於別人推薦的書，我只要「當場用手機上網購買」，對方大多都會非常吃驚。

◯「你好認眞喔！」

◯「你的行動力好強喔！」

對於推薦的書說「明天去買」，聽起來就像是客套話，你的形象不會留存在對方心中；但是當面買下自己推薦的書，對方必然會強烈感受到你的「認眞度」。

要花同樣的錢買同一本書，當然要選擇比較好的購買方式，這可以說是「一石二鳥購買術」。

購買之後會拉近和對方的心靈距離，談話也就更熱烈了。因爲你都特地買了，對方對於這本書自然也會更加熱心仔細的跟你聊。

會賺錢的人，會懂得利用「書籍」這個話題，磨練讓對方暢所欲言的技巧。

會賺錢的人，對「美食」總是興致高昂

「美食達人」也是出色的技能

會賺錢的人，毫無例外的都是美食家，這應該可以說是人生的眞諦。

實際上，我沒有看過哪個爲錢煩惱的人是美食主義者。

任何人都喜歡吃好吃的食物，所以一個人吃美食的「餐費」，恐怕占「年薪」的一定比例。

會賺錢的人在金錢上比較寬裕，所以可以去比如著名美食導覽「米其林」介紹的星級餐廳吃飯。

這種餐廳總是能提供非凡的體驗，而這種體驗又可以提高工作動力，讓工作更順利，帶來良性的循環，所以「美食」話題，非常受到會賺錢者的喜愛。

實際上，會賺錢的人，比起不會賺錢的人，會更貪婪的補充「美食」話題。但是，並非只有米其林高級餐廳的「美食」才能成爲話題。

這裡有個重點，就是連「平民美食」話題也同樣能受到關注。

會賺錢的人不會只爲了自己去收集「美食話題」，而是將「美食話題」當成商務聊天的工具。

不論是多好吃的「美食」話題，要能討對方歡欣，才是「賺錢的話題」。

例如某天在閒聊時，突然發現客戶喜歡平民美食、拉麵：「最近我迷上了到處吃拉麵。跟讀高中的兒子有空一起去的時候，這就成爲我們的親子溝通時間，等上菜的時候可以和兒子聊天。」

當對方這樣說時，你可以搭話：「這樣啊！我知道市區這一帶的名店。惠比壽開了一家金川軒，口味和裝潢都很時尚，你兒子一定會喜歡。」

這就是將「美食話題」轉變爲「賺錢話題」的瞬間。

如果可以這樣回話，那談話的氣氛瞬間就會熱烈起來。

實際上如果客戶的兒子開心，你的評價也會一口氣往上提升。

「三次聚餐」可以獲取「三個月的情報」

對於商務人士來說，「知道好吃的店家」也是種非常棒的能力。春酒、尾牙、迎新送舊、聯誼……工作上就是會伴隨著各種聚餐。

而「美食達人」這種角色，對商務人士來說非常寶貴。

事實上，先前例子裡的那位客戶，有可能進一步的提出詢問：「下週我們部門有送別會，這附近有沒有推薦好餐廳啊？」

若你答得上來，你和客戶的關係會變得更好，而且知道好吃的店家，你和客戶聚餐的機會也會增加，這對商務人士來說是莫大的機會。

想要跟客戶打好關係，如果透過工作，以我的經驗來說，至少要花三個月；但如果有聚餐，一起吃個三次飯就可以變得友好。

想縮短與客戶之間的距離，可以在用餐時詢問對方的成功經驗，對方說得開心，我們也可以學到東西。

而且在聽對方的成功經驗，可以了解他在工作中重視哪個部分。不只彼此的距離可以立即縮短，對以後的工作也大有幫助。

為什麼「美食情報」收集愈多，愈能提高能力？

「美食達人」實際上很多都是工作能力好、錢賺得多的人，仔細想想，這也是理所當然。

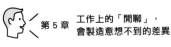

「美食達人」不可或缺的是好奇心、情報收集能力、行動力，但他們的專長不僅於此。

從好的方面來看，這種人在工作上也會比較從容，而擁有這份從容的人，在任何時代都會出人頭地。

完全無心享受「美食」話題，專心致力於工作的人，或許也能在工作上有所表現，但是會有極限。

說得更明白一點，這樣的人就是缺乏人性的魅力，所以這種人不會有人追隨。

我自己也傾注心力在搜尋「美食」話題，當做「自我磨練」的一環。除了美食部落格之外，我也會看米其林指南之類的美食導覽書。

評價高的店家、有興趣的店家都盡可能親自造訪，因爲如果沒有自己體驗過，就無法推薦給別人。

此外，「美食」話題不限於店家情報。我有在健身，所以具備飲食與健康的相關知識。

會賺錢的人幾乎都很在乎健康，飲食與健康相關的話題，也能吸引他們的興趣，所以最近受矚目的健康法、食材等，應該都要先去認識。

例如減少碳水化合物攝取的低碳減肥法，並不是說「碳水化合物都是不好的」這麼簡單而已。

同樣是碳水化合物，糙米、雜糧等穀類比義大利麵、披薩、拉麵等麵粉類所含的醣類還少等，這種程度的知識，要當作「賺錢的話題」先充實才行。

會賺錢的人重視「笑臉」，也重視「笑聲」

不會賺錢的人，「皮笑肉不笑」

會賺錢的人，能力好的人，毫無例外的很會「問候」。

「問候」是非常重要的商業技能，某個層面來說是理所當然。

問候的時候當然要「笑臉迎人」，用「笑臉」和「笑聲」打招呼，這樣被問候的人自然也會變得開朗。

用「笑臉」問候對商務人士來說不是什麼稀奇的事，但是幾乎都是皮笑肉不笑，因爲就算特地「笑臉迎人」問候，也很難給對方留下印象。

我在勤業眾信工作的時候，有個早我兩期、工作能力非常出色的前輩W先生，他教我用「笑臉＋笑聲」問候。

W前輩每天早上進公司，都會用充滿元氣的聲音說「早安！」聽到這麼爽朗的聲音，不經意的抬起頭來，就會看到W前輩明亮的笑臉，我也會不假思索的熱情回應「早安！」

不只是早上，他在工作中也充滿元氣。對於年資只有一年的我來說，熟悉工作的事情就已經精疲力盡，每天只能想著把當天的工作完成，根本沒有開朗大笑的餘裕，但是W前輩「笑臉＋笑聲的問候」讓我的心情也變得愉悅。

「笑臉＋笑聲的問候」不只讓W前備受到後輩的仰慕，上司也非常喜歡他。當然如此。工作時無時不刻都愁眉苦臉盯著電腦的屬下，和工作時總是開朗笑臉的屬下，你會把工作交給哪一個，答案非常明顯。

W前輩在菁英輩出的同期中，也是最先嶄露頭角的一個。某次我向W前輩詢問，請他教我「元氣的秘訣」，我問他：「您看起來總是很開朗樂觀。可以告訴我快樂工作的秘訣嗎？」不過竟然聽到出乎意料之外的答案。

「我並不是因爲工作很快樂所以才笑，而是裝作很快樂，所以工作才變得快樂。」完全是逆向思考。

之後又過了好多年，我得知活躍於十九世紀到二十世紀的美國哲學家威廉·詹姆斯（William James）也曾說過這樣的話。

「不是因爲快樂才笑，而是因爲笑了才快樂。」這與W前輩的工作哲學如出一轍。

這種已經在學術界獲得認同的語法，也可以說是一種眞理吧。

「高八度音」可以改變氣氛

「笑臉＋笑聲」不單能鼓舞自己，還能給周圍的人帶來正面的影響。

實際上，我從W前輩「笑臉＋笑聲的問候·激勵」得到滿滿的元氣。

會計的工作要處理龐大的文件，隨隨便便就能累積到三大箱，還因爲都是內部機密文件，所以要妥善保管。

有時候需要把紙箱搬到會議室或是庫房去，對我來說是重勞動，不知不覺就會抱怨「好重喔～」「好累喔～」。

這個時候，W前輩就會用「笑臉＋笑聲激勵」給我鼓勵。

○「來！加把勁！」「好！來拚一下吧！」

W前輩的「笑臉＋笑聲激勵」，讓我又有動力可以努力。這不是騙孩子的把戲。實際上，

✕ 不要說「好重喔！」「好累喔！」而要說

○「來！加把勁！」「好！來拚一下！」

工作動力和作業效率絕對截然不同。

工作接近尾聲時，

✕ 不要說「哇～辛苦了！」而要說

○「太好了！收工！」

結尾不同，之後工作的動力也會有很大的差異。「笑臉＋笑聲」，的確就是工作積極＋效率的魔法。

我跟W前輩也很親近，常常一起去喝酒，但很有趣的是，他平常並不是「笑臉＋笑聲」的人。

W前輩私底下表情穩重、音調也很低，跟那些下班後就人來瘋的上班族完全相反。

我曾經問過他是如何切換，他是這麼回答：「在公司裡，我是有意識地提高八度說話，這樣自然而然人也會振奮起來。」

也就是說，是用音調來切換心情。

不是因爲賺錢所以才笑，是因爲笑了所以才賺錢，這就是W前輩能在晉升的路上超車的主要原因。

會賺錢的人，更敢「聊失敗」

失敗是「成功之母」的故事

「流氓是創造英雄事蹟的工作。」我以前曾經聽過這樣的說法。

意思是大尾的流氓即使什麼都不說，也能以英勇事蹟，也就是過往的戰績彰顯自己的能力。

例如某個流氓進到一家小酒館，裡面的酒客都感受到流氓的氣場，察覺他不是一般人而感到緊張，誠惶誠恐地看著流氓的臉——沒想到左臉頰竟然有一道很深的舊傷口。

說起來這就是英勇事蹟。

看見舊傷痕的酒客們，在驚恐的同時，也萌生尊敬之意。

「那個傷口是某次鬥毆的勳章？這個人莫非是流氓界的傳奇人物？」

這樣任意的推測英勇故事，加上想像力無限膨脹，對方就真的變成傳奇人物。

在商場上，被傳誦英勇事蹟的人也很多。但商場上的英勇事蹟，並不像流氓的英勇事蹟那麼有衝擊力。

「那個時候，是我跟部長說一定要分出勝負！」

「那個時候有我把那個案子解決了，部門才有今天的局面！」

每次跟上司去喝酒，都會聽到這些「當年勇」的故事而感到洩氣，聽到耳朵都要長繭了。

爲什麼沒有衝擊力呢？因爲英勇事蹟由自己說出來，會造成反效果。

所以不要說什麼衝擊性，聽了還會覺得不舒服。英勇事蹟是要讓對方想像，才能成爲傳說、傳奇，如果出自於自己口中，那就不是英勇事蹟，只是自吹自擂。

很遺憾的是，大多數上司都不懂這個道理。但會賺錢的上司很了解這個部分，所以絕對不會提當年勇。

那要談什麼呢？會賺錢的上司，不會談英勇事蹟，而是談失敗的故事。

我認爲失敗的故事＝負面的體驗，不是很好談的話題。

當然，如果只是原封不動談失敗的體驗，那只是個充滿遺憾的人。

會賺錢的人，會讓負面體驗不只是負面話題，而會轉成正面的體驗，也就是說從失敗中學到什麼，對方才能從言談間感受到說話者的深度與魅力。

也可以說是利用正面和負面交錯的「落差」來談話，對方會因爲「落差」而感受到衝擊力，而受到吸引。

在那一瞬間，「敗者」就成爲「勝者」。

「失敗比別人多一倍，所以也比別人強一倍」的說服力

將負面體驗轉化成正面體驗，這種說話方式的落差可以讓人感受到衝擊力。

這個法則也是勤業眾信的W前輩教我的。

我進入勤業眾信的時候，W前輩跟我們這些新人說的，都是自己剛進公司時的失敗經驗，跟先前提到只會提「當年勇」讓人洩氣的上司完全相反。

爲什麼這麼優秀的W前輩，會只聊失敗的經驗呢？我想理由有兩個。

其一是談論自己的失敗經驗，可以逗我們這些神經緊繃的新人社員大笑，緩和緊張的氣氛；其二是談論失敗的經驗，是想告訴我們「不要怕失敗」。

我們知道W前輩是非常出色的人，在公司也是頭角崢嶸，所以他談論失敗的經驗，從另外一個角度來看，衝擊力很大也很新鮮。

「原來連W前輩也曾經失敗過……」

在驚訝眼前的W前輩與新人時代的他「落差」之大的同時，我記得那時候自己也莫名的產生安心感——W前輩在新人時代也經常失敗，所以我們失敗也是理所當然的，我心中不自覺地這麼想。

「失敗經驗比別人多一倍，心智就比別人多鍛鍊一倍。」

笑著談論這一切的W前輩，讓我感受到他的胸懷之深廣。

「人生負面的體驗，一定能派上用場。」

因爲W前輩跟我們說了很多失敗經驗，不知不覺間我們就覺得這是很自然的事。

也正因爲如此，從新員工開始，不管遇到什麼事情都不會灰心喪志，工作上就慢慢成長茁壯。

會賺錢的人，會從失敗中「找話題」

「人生負面的體驗，一定能派上用場。」這種思考方式給予我的人生莫大的正面幫助。

畢竟如果負面體驗都能有幫助，那人生都只有正面的體驗了。

實際上我在勤業眾信的時候，也是從「負面經驗」開始。

我曾經任職的勤業眾信可以說是菁英集團，「東大畢業」「京大畢業」的同事比比皆是，早稻田、慶應都還是居於其次，更何況我是等級更後面的關西私立大學畢業，而且還重考過兩次。

那時，我在勤業眾信完全是「非菁英」，也就是在進入公司的同時，就嘗到了「負面體驗」。

但是這個「負面體驗」在勤業眾信轉化成正面體驗，其中的「心理落差」催化了加分作用。

也就是說「非菁英」的我，只要對工作愈熱情，工作表現愈好，就會產生「落差」。

「哇！金川，你做得很好！」

如果沒有「兩次重考關西私立大學畢業」這種「負面體驗」，說眞的，我也就不會產生這麼大的「落差」的衝擊性。

「從人生負面經驗學到的事」是有利的

我最近深刻感受到「人生的負面經驗，一定會有幫助」這件事。因爲將「人生負面的體驗」轉化成正面這件事本身，就是一個寶貴的「情報」。

「情報」可以賺錢，尤其是現在，對於正在經驗「負面體驗」的人來說，一定會願意花錢去看、去讀「人生負面體驗」轉化爲正面的故事。

例如我重考兩次的「負面體驗」。

將這種負面體驗轉化爲正面的故事，對於現在正在準備重考的人，應該是寶貴的訊息。

「重考兩次也是有好處的。」我經常這麼說。

實際上，我因爲重考兩次，心智也受到很大的鍛鍊。不僅如此，我也很慶幸實際體驗到「晚一點也沒關係」。

即便歷經兩次失敗，最後還是有所突破，因此培養出「人生晚一點出發也能夠急起直追的精神」。

「人生晚一點出發也能夠急起直追的精神」，若你沒有過「負面體驗」，就說不出這句話。

完全沒有挫折經驗的超級菁英，說出「一次、兩次失敗不要失志」這種話一點說服力也沒有，所以「負面轉正面的故事」，的確能賺錢。

參考書籍

《聰明說明「立刻上手」的秘訣》鶴野充茂（著）

《聰明金句「立刻說出口」的秘訣》鶴野充茂（著）

《破解！撼動全世界的TED秘技》傑瑞米．唐納文（Jeremey Donovan）（著）

《免費！揭開零定價的獲利秘密》克里斯．安德森（Chris Anderson）（著）

《我的經營法大公開！》伯恩．崔西（Brian Tracy）（著）

《請富翁吃午餐！》丹．甘迺迪（Dan Kennedy）（著）

《高效行銷》傑．亞伯拉罕（Jay Abraham）（著）

《終極行銷計畫》唐．甘迺迪（Dan Kennedy）（著）

《全美 No.1 的業務員萊特親授，10倍銷售者的文章術》喬瑟夫．休格曼（Joseph Sugarman）（著）

《影響力：說服的六大武器，讓人在不知不覺中受擺佈》羅伯特．席爾迪克（Robert B. Cialdini）（著）

《休克曼的行銷30法則》喬瑟夫．休格曼（Joseph Sugarman）（著）

《富爸爸，窮爸爸》羅勃特．T．清崎（著）

Eurasian Publishing Group
圓神出版事業機構
用心與你對話・視野無限寬廣
如何出版社
Solutions Publishing

www.booklife.com.tw reader@mail.eurasian.com.tw

Happy Learning 196

會賺錢的人，說話永遠二選一：年收破億的20個致富語法

稼ぐ話術「すぐできる」コツ：明日、あなたが話すと、「誰もが真剣に聞く」ようになる

作　　者／金川顯教
譯　　者／張佳雯
發 行 人／簡志忠
出 版 者／如何出版社有限公司
地　　址／臺北市南京東路四段50號6樓之1
電　　話／（02）2579-6600・2579-8800・2570-3939
傳　　真／（02）2579-0338・2577-3220・2570-3636
總 編 輯／陳秋月
主　　編／柳怡如
責任編輯／丁予涵
校　　對／丁予涵・柳怡如
美術編輯／簡瑄
行銷企畫／陳禹伶・曾宜婷
印務統籌／劉鳳剛・高榮祥
監　　印／高榮祥
排　　版／杜易蓉
經 銷 商／叩應股份有限公司
郵撥帳號／ 18707239
法律顧問／圓神出版事業機構法律顧問　蕭雄淋律師
印　　刷／祥峰印刷廠
2021年6月　初版

定價290元　ISBN 978-986-136-585-5　

　Printed in Taiwan

會賺錢的人，有著「共通的說話方式」。
讓對方「想要說話」的語法，讓對方「想要考慮」的語法，讓對方「想要行動」的語法，讓對方「想要購買」的語法。
以「致富語法」說話，對方不會說「NO」，如果能模仿此一特質，那任何人都有賺大錢的可能。

——《會賺錢的人，說話永遠二選一》

國家圖書館出版品預行編目資料

會賺錢的人，說話永遠二選一：年收破億的20個致富語法／金川顯教 著；張佳雯 譯. -- 初版 -- 臺北市：如何，2021.06
192面；14.8×20.8公分 --（Happy Learning；196）
ISBN 978-986-136-585-5（平裝）
譯自：稼ぐ話術「すぐできる」コツ

1. 說話藝術　2. 溝通技巧

192.32　　110006166